Serie: ¡Levántate mujer!

Con un Propósito

Libro 5

Mónica Tornoé

Serie: ¡Levántate mujer!

Con un Propósito

Libro 5

Mónica Tornoé

Con un propósito

1ª edición

ISBN: 978-1-7363504-4-7

Para conectarse con la autora: www.monicatornoe.com

A menos que se indique, las citas bíblicas se tomaron de la versión Nueva Versión Internacional (NVI). Los subrayados y negritas son énfasis de la autora.

Edición: Luis Manoukian
luismanoukian@gmail.com

Diseño de tapa: Wood Square Art
Diseño interior: Julieta Valle [in]

Impreso en EE. UU.
Printed in EE. UU.

CONTENIDO

Introducción   7

Instrucciones para esta serie de libros   9

1. El propósito de la mujer soltera   13

2. Más allá de ser mamá   23

3. El rol de la esposa   31

4. Creadas para crear   41

5. Descubriendo nuestros dones y talentos   53

6. Una mujer de acción   63

7. Recorriendo la milla extra   73

8. Cuando lo que Dios hace no tiene sentido   81

9. La mies es mucha y los obreros pocos   91

10. Una mujer con visión y misión   99

Anexo al tema 10: Escribiendo nuestra visión   109

INTRODUCCIÓN

¡Las mujeres somos extraordinarias, de verdad! Dios nos ha dado la habilidad de ser multifacéticas. Es decir, que podemos hacer varias tareas a la vez, que es realmente sorprendente. Fíjate en una mamá que mientras carga a un bebé, está cocinando, y a la vez atendiendo una llamada y sirviendo la comida. ¿Te das cuenta de esto? A veces se ve caótica esta situación, pero contamos con la capacidad de manejarla.

Además de esta gran habilidad de ser multifacéticas, Dios nos ha dado dones y talentos a cada una y un propósito para nuestra vida. Pero como mujeres que somos, nuestra tendencia es entregar tanto de nosotras a los demás, que llegamos incluso a olvidarnos de nosotras mismas. Nos olvidamos de los regalos que Dios nos ha dado como dones y talentos. ¿Y qué es lo que nos pasa? Pues, que muchas veces los "enterramos" y los mantenemos completamente olvidados, sin utilizarlos para nada.

Esto les sucede a muchas mujeres, que ven una etapa de su vida, como la única, sin darse cuenta, que es solamente una etapa y que, como tal, va a ocupar una parte de la vida, pero no toda.

Comúnmente estos cambios nos pueden traen temor, pues nos incluyen nuevos retos para los que quizás no nos sentimos lo suficientemente preparadas, o bien, inseguras o perdidas. Todo esto es completamente entendible, por eso debemos empezar a dar pasos pequeños, a manera de preparación para cuando llegue el momento, tomando en cuenta la etapa de la vida en la que nos encontremos.

Dios va a aprovechar todas nuestras vivencias, incluyendo nuestras experiencias, dificultades y sufrimientos, pues él es el mayor interesado en que nosotras encontremos el propósito para el cual nos ha llamado de manera individual y única. Dios no va a desperdiciar nada de lo que él nos ha dado ni lo que hemos vivido, y usará todo para desarrollar nuestro carácter y transformarnos. Así como el oro se purifica sobre el fuego, así el Señor trabaja con nosotras mediante todo lo que enfrentemos en la vida. Y aunque te sorprenda, Dios nos ha dado dones y talentos a todas, aunque se van a ver de manera diferente para cada una. Esto nos presenta un reto más para no compararnos con lo que tienen otras o volvernos mal agradecidas con lo que Dios nos ha dado.

El inicio de este proceso es el descubrimiento de esos regalos que Dios nos ha dado a cada una, y esto se alineará también con la búsqueda de nuestro propósito. Para eso, tocaremos temas específicos en este libro que te ayudarán en esta búsqueda esencial en tu vida. El objetivo es animarte y brindarte un plan de acción para alcanzar tus sueños y metas. Descubrir el propósito para el cual fuimos creadas, puede tomarnos toda una vida, si no estamos atentas a escuchar la voz de Dios y buscar su guía y dirección. Lo que es indiscutible es que estamos llamadas por Dios para usar lo que él nos ha regalado y para ponerlo en buen uso para la obra del Reino.

Dios no nos necesita, sino que escoge usarnos. No queremos que todos los regalos que él nos ha dado —sean dones y talentos, recursos de todo tipo, materiales, intelectuales, relacionales, etc.—, se desperdicien, pues llegará el día en que él nos llamará a dar cuentas de lo que hicimos con todo lo que él nos dio.

Además, como mujeres cristianas, llevamos la marca de Cristo, ¡y estamos llamadas a hacer esas buenas obras, pues por ellas nos reconocerán! Recuerda que "la mies es mucha y los obreros son pocos". El mundo necesita más mujeres que trabajen para la obra de Dios, comprometidas, líderes, conocedoras y hacedoras de la Palabra, que hagan una diferencia, especialmente en nuestra comunidad latina, y tú puedes ser una de ellas. No te pierdas el plan y el propósito de Dios para tu vida, por creer una versión y una visión limitada de ti misma. Hay más para tu vida, y Dios quiere dártelo.

INSTRUCCIONES PARA LA LECTURA DE ESTA SERIE DE LIBROS

La serie de libros **LEVÁNTATE MUJER,** fueron creadas como parte del contenido de los cursos del programa de certificado en liderazgo cristiano del Instituto María y Marta. Esta serie está compuesta de seis libros que comprenden los siguientes temas:

1 Identidad

2 Derrumbando enemigos

3 Fuerte y saludable

4 Liderazgo

5 Con propósito

6 Sanando el alma

En cada uno de estos libros encontrarás diez estudios, cuyo motivo es proveerte el conocimiento y las herramientas indispensables.

Al inicio de cada tema, encontrarás un bello diseño de un versículo relacionado con el tema. El objetivo además de adornar el libro, es para que te sirva de terapia o autorreflexión.

Deseamos que al leer cada estudio percibas la voz de Dios hablándote: ¿qué cambios quiere él ver en tu vida?, ¿qué tienes que aprender? y ¿en dónde Dios te está llamando al crecimiento? Por eso, queremos que medites en el pasaje, en el tema, mientras lo coloreas y dejas que Dios te hable y te enseñe lo que él tiene para ti. Por eso, se te invita a que hagas una pausa en cada uno de los capítulos de este libro.

Después de cada tema, queremos que revises los pasajes bíblicos que se mencionan y que siempre reflexiones en:

- ¿Qué tipo de pasaje es? (descriptivo, normativo, atemporal).

- ¿Cuál es el contexto en el que se dijo? (histórico, cultural).

- Comparar el pasaje con el resto de la Biblia (pues la Biblia no se contradice a sí misma).

- ¿Quién lo escribió?

- ¿Quiénes son los protagonistas?

- ¿Qué voces faltan aquí?

- ¿Qué me dice Dios a mí personalmente?

- ¿Cómo lo aplico a mi vida?

PREGUNTAS PARA GRUPOS DE MUJERES

En algunos de los temas de este libro, se sugieren lecturas bíblicas y también se recomiendan algunos libros para profundizar en su contenido.

Las discusiones en grupo son muy importantes para cuestionar, despejar dudas y para continuar aprendiendo, pero es muy importante hacerlo en base a lo que dice la palabra de Dios. Para una interpretación fiel a la misma, usar las herramientas adecuadas, contexto (si es cultural o histórico) tipo de pasaje (normativo, descriptivo, atemporal) y las demás reflexiones ya mencionadas.

El objetivo es movilizarnos a la acción. Si aprendemos, pero no aplicamos, no sirve de nada. Por supuesto, es vital que aprendamos para poder crecer, pero ese conocimiento adquirido no debe quedar solamente en la mente, sino que nos debe movilizar a hacer las buenas obras para las que Dios nos ha llamado a cada una de nosotras.

Después de estudiar cada tema, debemos aplicarlo a nuestra vida.

¿Qué me está diciendo Dios a mí personalmente?

¿Qué actividades específicas voy a realizar?

¿Cómo transmito a los demás esto que he aprendido?

DIOS le ha dado
a cada uno
su propio DON,
algunos de una manera y
a otros,
DE OTRA.
—1 CORINTIOS 7:7

1

EL PROPÓSITO DE LA MUJER SOLTERA

Desde la infancia se nos enseña a las mujeres que hay una persona en el mundo para cada cual, y que llegará ese día anhelado en el que ese príncipe azul, montado en un caballo blanco vendrá específicamente por nosotras para completarnos y que, a su lado, seremos por siempre felices.

Con mucha frecuencia, nos creemos este cuento de hadas, y vivimos a la espera de esa persona idílica destinada a llenar nuestro vacío interior, pero la realidad es que vemos que el tiempo pasa, y esa persona **no aparece por ningún lado**.

Y entonces nos pasamos la vida con esa mentalidad y preguntándonos, ¿quién llenará mi vacío? ¿Quién va a completarme? Y si esa persona anhelada no llega, nos desesperamos e incluso llegamos a culparnos, a acusarnos y a cuestionarnos, ¿hay algo malo en mí? ¿Por qué nadie me escoge?

Y es que, en realidad, esa responsabilidad no le corresponde a otra persona. En realidad, **esto de la pareja idónea, "alma gemela" o "media naranja" no es más que un mito**. ¡Y menos mal!

Lo que sí es cierto en todo esto, es que todas nacemos con un vacío y con la necesidad de ser amadas. Hemos sido maravillosamente creadas por nuestro Padre y creador para vivir en relación con él en ese mundo perfecto que él inicialmente creó para todas nosotras.

Desafortunadamente, al entrar el pecado al mundo trastornó todos esos bellos planes, pero en nuestro corazón continúa latente ese vacío, que tratamos siempre de llenar con las cosas del mundo e incluso con "ese alguien" idóneo para que "nos complete". Pensamos siempre que será la labor de otro ser humano hacer esto y nos frustramos porque ninguna persona es capaz de llegar a nuestro alto nivel de expectativas. Y es que, piénsalo, ¡vaya responsabilidad la de esa persona! No solo debe encajar contigo en todos los aspectos, amarte y respetarte hasta que la muerte los separe, sino que además tiene que **completarte**, llenar tus carencias y tus vacíos.

Y entonces debemos enfrentar esta cruda realidad, que ningún otro ser humano puede "completarnos" –sea tu novio, esposo, o inclusive nuestros hijos–, absolutamente nadie puede llenar estas expectativas irreales, pues este vacío solo lo puede llenar nuestro propio Padre y creador, él es el único en quien podemos sentirnos completas. Y esto se aplica para todos y para todas, estés soltera o no.

Si no somos conscientes de que este concepto de la "media naranja" o la "pareja ideal" no existe, entonces cuando sí encuentres a alguien y comiencen a surgir los primeros problemas, que ten por seguro que aparecerán pues suceden en toda relación, entonces estarás condicionada a abandonarlo porque pensarás que no es la "persona indicada".

Estamos viviendo en una época en la que hay más solteros que nunca en el mundo. Este es un momento histórico no solo aquí en los Estados Unidos, que el 45% de la población no está casada, sino también es un fenómeno a nivel mundial. De los solteros, 63% nunca han estado casados, 23 % son divorciados, y 13% son viudos. Además, el 53% de los solteros en este país son mujeres.

El matrimonio está en crisis. Actualmente el 50% o más de los matrimonios terminan en divorcio, y eso hace que haya también muchos "solteros divorciados" o "madres solteras".

En Europa, la mayoría de la población no está casada.

Y si comparamos esto con los datos de hace un par de décadas atrás, en 1960, el 72% de la población estaba casada.

Pese a todas estas estadísticas que nos muestran que la soltería va en aumento, hay muchas mujeres que viven con ese anhelo de casarse, de tener hijos, y viven a la espera de que esto suceda para sentirse completas.

LA PRESIÓN DE SER SOLTERA

Así como el mundo ha creado ese mito de la "media naranja" para que al encontrarlo te sientas completa y feliz, también los solteros enfrentan otro reto y es la presión **social**, que refuerza este mito. La sociedad, los amigos y familiares crean una presión constante, preocupándose por la soltería o preguntando si ya encontraron pareja.

Una amiga soltera que lucha con esto, dice que ante una respuesta negativa a esta inquietud, en el rostro del que preguntó se dibuja una expresión de lástima. Quizás dura tan solo unos segundos pero ella detecta que cuando se repite una y otra vez, termina originando lástima de ella misma.

No podemos estar haciendo sentir de esa manera a nuestros amigos o familiares solteros. Por eso, es tan importante que desmintamos todas esas mentiras del mundo que hemos aceptado y con las que colaboramos y tomamos como verdad. Lo único que esto nos ha traído es daño y dolor, porque nos sentimos frustradas y fracasadas al no poder cumplir con lo que consideramos nuestro mayor éxito o propósito en la vida.

Desmentir esto a la luz de la Palabra es clave aquí, porque en ningún momento Dios nos ha prometido a ninguna de nosotras, que nos vamos a casar, y que de esa manera alcanzaremos la felicidad. Lo que sí nos dice es que él nos ha creado con un llamado y con un propósito y que se ve de manera diferente para todas.

Dios tiene propósito para todos y para todo, en todas las etapas de la vida, en lo bueno y aún en lo malo, en la espera, retos y en las dificultades.

¿QUÉ NOS DICE LA BIBLIA DE LA SOLTERÍA?

Pablo, que era soltero, da consejos para los solteros, es más él nos dice explícitamente que no recomienda que nos casemos. Además, nos dice que la soltería, al igual que el matrimonio, **es un don, es un regalo de Dios.** Y que Dios da a unos el don de la soltería y a otros el don del matrimonio.

En 1 Corintios 7:7-9, NTV, dice: "Sin embargo, quisiera que todos fueran solteros, igual que yo; pero cada uno tiene su don específico de Dios, unos de una clase y otros de otra. Así que les digo a los solteros y a las viudas: es mejor quedarse sin casar, tal como yo; pero si no pueden controlarse, entonces deberían casarse. Es mejor casarse que arder de pasión".

Estudia muy bien lo que dice Pablo aquí. Dice que **"cada uno tiene su don específico de Dios"**. Es decir, que estar casado es un don de Dios, e igualmente estar soltero es un don de Dios, pero desafortunadamente, el mundo lo considera como "un don no deseado" o como una maldición. Si no te has casado o no has tenido hijos, entonces, se te considera "incompleta" o "fracasada".

La verdad de Dios es que la soltería, es en verdad un don. No uno que muchas mujeres elegirían, pero nosotras no elegimos nuestros dones, pues el que los otorga es un Dador divino y sabemos que los dones son buenos porque el Dador de los dones es bueno.

EL CELIBATO

Este tema es impopular. En un mundo en el que el sexo es un verdadero ídolo, nadie quiere privarse de la experiencia sexual. Puede resultar muy tentador para los solteros pensar que, al no estar casados, pueden disfrutar de su soltería con innumerables encuentros sexuales a su disposición y antojo, sin el compromiso del matrimonio, pero eso constituye inmoralidad sexual. La palabra de Dios es muy clara en este punto al decirnos que las relaciones sexuales están reservadas exclusivamente para el matrimonio.

Si crees que esto hace al matrimonio mejor o más fácil, lee el tema # 3 "El rol de la esposa" en este libro, que trata al respecto y de los estándares tan altos de Dios para el matrimonio, tanto así que los discípulos y el mismo Pablo, consideran que es mejor no casarse (Mateo

19 y 1 Corintios 7:8-9).La realidad es que la soltería como el matrimonio son difíciles, pero Dios nos ha dado tanto uno como el otro de regalo y lo debemos aceptar con contentamiento.No olvidemos que el propio Jesús, aunque era cien por ciento hombre (y también cien por ciento Dios) era soltero, al igual que Pablo. Jesús nunca tuvo relaciones sexuales, y con su vida nos dio ejemplo sobre cómo llevar la soltería en obediencia.

LO MEJOR DE LA VIDA ESTÁ POR LLEGAR

En la práctica, vivir soltera sin distracciones puede parecerte una paradoja, especialmente porque el mundo te distrae con mentiras como que "te estás perdiendo lo mejor de la vida", algo que aún no te ha llegado o que a lo mejor nunca te va a llegar.

Si te dejas distraer por estas ideas y pensamientos de que solamente vas a poder alcanzar la cumbre de la felicidad en el matrimonio, y si nunca se llega a realizar, entonces te pasarás la vida anhelando lo que no tienes, y sintiéndote triste, sola y fracasada al no encontrar la felicidad a través del matrimonio. Estos son pensamientos sutiles pero muy peligrosos que muchas mujeres se creen y alimentan, y lamentablemente terminan amargadas.

No pierdas el llamado que Dios tiene para ti, lamentándote e indagando las razones por las cuales estás soltera o enfocándote en lo que careces. Enfócate en la abundancia de lo que "sí tienes" y en cambiar la manera en la que te ves.

Pablo exhorta en ese pasaje a los solteros para que se liberen de la ansiedad y que usen sus dones de soltería como una plataforma para el servicio, "para que vivan de una manera digna, sirviendo al Señor sin distracciones" (1 Corintios 7:35, DHH).

OPORTUNIDADES DE LA SOLTERÍA

a) En primer lugar, tienes la oportunidad para servir a Dios, de una manera que una persona casada no podría, por límites de tiempo y otras responsabilidades.

Salmos 16:11 no dice que en el matrimonio está la plenitud de gozo. En vez de eso, el salmista dice: *"... En tu presencia hay plenitud de gozo; delicias a tu diestra para siempre"* (RV60).

b) Puedes vivir una vida muy plena, viajando y visitando diferentes lugares, amistades y seres queridos que viven en distintas ciudades o países.

c) Tienes grandes oportunidades para dar y ser generosa, con tu tiempo y recursos económicos e invertir en el reino de Dios.

BUSCANDO EL CONTENTAMIENTO:

Muchas veces nos pasamos soñando y obsesionándonos con nuestro futuro esposo, y esto se convierte en un ídolo. Entonces ponemos a Dios a un lado, cuando debemos **poner a Cristo en el centro de nuestra vida,** porque todo debe girar alrededor de él, no en ningún otro ser humano.

Filipenses 4:12-13, NTV, nos habla del contentamiento: "Sé vivir con casi nada o con todo lo necesario. He aprendido el secreto de vivir en cualquier situación, sea con el estómago lleno o vacío, con mucho o con poco. Pues todo lo puedo hacer por medio de Cristo, quien me da las fuerzas".

La fuente del contentamiento está en Cristo, en nadie más. Encontramos ese contentamiento cuando caminamos en el propósito de Dios, siguiendo el llamado y usando nuestros dones y talentos.

Realmente, el contentamiento es una actitud y una decisión, porque tú puedes decidir ver de una manera positiva, en lo que piensas y haces, invirtiendo tiempo en relación con Dios o puedes decaerte y ver todas tus carencias y enfocarte en lo negativo.

Pero si tu deseo de casarte aún continúa, primero busca la voluntad de Dios, deléitate en él y él te dará los anhelos de tu corazón. Pon de tu parte, arréglate, sal y date a conocer. No te quedes en casa esperando que llegue alguien, haz como la Biblia dice que hizo Rut.

Y por supuesto, sé cuidadosa contigo misma. Hay muchas tentaciones, pero decide de antemano qué líneas no vas a cruzar y no te dejes llevar por las emociones (o por el corazón, que es engañoso), sino pídele a Dios discernimiento y sabiduría.

Y, por último, busca o crea una comunidad, un espacio para solteros, ¡porque hay muchos! No te aísles, pues puedes caer presa del desánimo o de los engaños del mundo.

Recuerda que no estás sola, que el mismo Jesús era soltero, el apóstol Pablo también y, es más, recomienda la soltería, y que ahora más que nunca, existen muchos hombres y mujeres en la misma situación.

Tu soltería no es motivo para sentirte fracasada, desdichada o castigada por Dios, ni para que otros te hagan sentir así. Tienes la opción de decidir ver esta etapa como una bendición o como una maldición, así que escoge ver el don de nuestro Dador divino y ver la bendición y buscar el contentamiento con lo que Dios te está dando.

Me mostrarás
la senda
DE LA VIDA
– Salmos 16:11

2

MÁS ALLÁ DE SER MAMÁ

Ser mujer es un privilegio muy grande, ya que Dios nos dio la capacidad maravillosa, divina y sobrenatural de ser madres.

Llevar en nuestro vientre a otra vida y que allí se vaya formando, alimentándose de nosotras, creciendo y formándose maravillosa y milagrosamente, forma una conexión que desde la gestación es irrompible. Esto toma todo de nosotras y salimos transformadas ante esta experiencia, pues después de ella ya nunca somos las mismas.

Ser mamá te cambia la vida para siempre, pues no solamente llevamos a nuestros hijos en el vientre por nueve meses, sino en nuestros corazones por el resto de nuestra existencia.

Ser madre es un título con el que nos identificaremos siempre y no es algo de lo que nos retiramos, ni nos vamos de vacaciones. Aunque nuestros hijos crezcan e incluso se vayan de nuestro hogar, siempre seguiremos siendo madres y siempre estaremos pendientes de ellos y de su bienestar.

Ser madre es, como dijimos, es un privilegio, pero también representa un gran reto. Dios, en su sabiduría, nos ha creado con todo lo necesario para cumplir nuestra función bien.

Sabemos amar, sabemos dar, sabemos cuidar, proteger, instruir y guiar. Incluso nos ha dado un sexto sentido de madre, que nos alerta en situaciones de amenaza o peligro.

Ser mamá te da un entendimiento del amor de Dios por nosotros, pues el amor que sentimos por nuestros hijos es el amor más cercano al amor de Dios, ya que amamos incondicionalmente. Lo más tremendo es que cada una de nosotras fuimos seleccionadas para llevar la responsabilidad de edificar e instruir a los hijos que Dios nos dio, pues nosotras no escogimos a los hijos, fue Dios quien nos escogió para cuidar de ellos.

LA LEY DE LA VIDA

Cuando nuestros hijos son pequeños y dependen completamente de nosotras para todo, para su constante cuidado, ayuda y guía, ni siquiera nos pasa por la mente que llegará un día en el que ellos se irán de nuestro lado. Si eres una mamá con pequeños, esto no es algo que quieres escuchar, pues esto duele y resulta la peor pesadilla para cualquier mamá, pero tampoco es algo que sucede de la noche a la mañana. ¡Dios nos prepara! ¡De la misma manera que lo hace cuando quedamos embarazadas, pues no quedamos embarazadas y el bebé nace al día siguiente! Así, Dios utiliza los nueve meses del embarazo para que el bebé se vaya formando poco a poco en nuestro vientre. También es un tiempo que utiliza para irnos preparando para lo que viene, que trae grandes cambios emocionales y físicos.

Es así que te diré, lo que quizás no quieres escuchar, los hijos se van a ir algún día no muy lejano, pues el tiempo pasa volando y es la ley de la vida, pero lo más importante de todo, es que así lo ha dispuesto Dios.

Génesis 2:24, RV2015, nos dice: "Por tanto, el hombre dejará a su padre y a su madre, y se unirá a su mujer, y serán una sola carne".

Yo sé que la verdad duele, pero cuando conocemos la verdad a tiempo será más fácil iniciar los cambios o hacer los planes para cuando lo inevitable suceda, como lo es que los hijos crecen y se van.

Esto significa, queridas mamás, que algún día, tarde o temprano, tendremos una casa sin hijos.

¿Y qué va a pasar con nosotras? ¿Será ese nuestro propósito en la vida? ¿Ser mamá será todo lo que Dios planeó para ti y para mí?

¡Evidentemente no!

BUSCANDO NUESTRA IDENTIDAD

Cuando los niños nacen y durante el proceso de su crecimiento es muy importante nuestra presencia, cuidado y enfoque total en ellos. Pero a medida que ellos crecen y van desarrollando sus habilidades tanto motrices como intelectuales cada mamá inicia o debería iniciar un proceso no solamente de cuidados sino de entrenamiento. Eso significa que se le enseña a los niños para la vida a que tomen decisiones, a que sepan resolver conflictos, a que consigan o logren sus propósitos, etc. Asimismo, **terminada la labor de entrenamiento se inicia la labor de acompañamiento,** en donde los hijos van tomando sus propias decisiones y recibiendo las consecuencias de las mismas. Y nosotros vamos a su lado solamente como acompañantes en el camino, ya sea para aplaudir, motivar o servir como un hombro donde sostenerse.

La idea de que los hijos iban a irse algún día, solía torturarme por mucho tiempo, pero cuando mis hijos fueron creciendo e independizándose, me fui dando cuenta de que mi identidad no estaba únicamente en ser mamá, Dios me había llamado para algo más y que debía encontrarlo.

Me había olvidado de quien era yo, de lo que me gustaba hacer a mí sola y de mis dones y talentos empolvados y olvidados en algún cajón. También me di cuenta de que estaba pasando por una crisis de identidad y que necesitaba encontrar mi propósito, pues había pasado tantos años entregando y jugando el papel de mamá, que me había olvidado por completo de mí misma.

A veces nos consideramos egoístas con estos pensamientos o al hacer algo para nosotras cuando estamos tan acostumbradas a dar y hacer tanto por nuestros hijos y familia.

Pero como mencionamos, ser mamá es un privilegio muy grande y sobre todo hermoso. Una vez que somos mamás, seguiremos siéndolo de por vida, a pesar de que los hijos se vayan de la casa, pero nuestro rol será diferente.

Entonces, cuando los hijos se vayan, ¿en dónde trasladarás tu tiempo en dedicación y esfuerzo? Incluso más, ¿qué te brindará satisfacción y sentido de éxito? Estas son preguntas importantes para hacerte.

Aquí en el Instituto María y Marta queremos expandir tu mente y dejarte estas inquietudes para que con sinceridad te preguntes si tu identidad está basada única y exclusivamente en ser mamá, o si hay algo más que te llama. De ser así, queremos que recuerdes esos sueños anteriores a ser mamá, o que utilices esos talentos y habilidades que posees, pero sobre todo a que empieces a creer en que además de ser una mamá excepcional también eres una mujer llena de talentos, fuerza y con un propósito.

Esto quizás te resulte más grande de lo que has pensado, pero ten presente lo que dice Dios en Isaías 55:8-9: "Porque mis pensamientos no son los de ustedes, ni sus caminos son los míos —afirma el Señor—. Mis caminos y mis pensamientos son más altos que los de ustedes; ¡más altos que los cielos sobre la tierra!".

A veces puede ser difícil enfocarte en esta visión, pero te aseguro que la recompensa será grande. Esto evitará que te lamentes el día de mañana con el "hubiera, pudiera o debería de…".

Hubiera buscado mi pasión y propósito…

Podría haber sido exitosa, si tan solo hubiera encontrado el tiempo para enfocarme en mí misma…

Debería haber dedicado más tiempo para mí misma…

MÁS ALLÁ DE SER MAMÁ

Dios no se equivoca y nos creó a las mujeres con la capacidad de ser multifacéticas, eso significa la habilidad de realizar muchas tareas a la vez. Es así como Dios te ha creado y formado con la capacidad para ser una mamá entregada, amorosa y protectora, que educa y guía a sus hijos, así como también para desarrollar tus propios sueños y tu propósito, aparte de ser mamá.

Y no me estoy refiriendo solo al aspecto laboral, de que busques un trabajo y traigas dinero a la casa, sino de algo que está dentro de ti y que tal vez aún no has descubierto o que has olvidado. Puede que seas una gran empresaria o una mujer que ayuda a otras o una madre para muchos, pero hay algo que el mundo y los que están a tu alrededor están esperando de tu parte. Déjame decirte que allí está tu gozo, allí estará tu contentamiento, en **encontrar y hacer el propósito de Dios en tu vida.**

Me gusta ser muy realista, y ahora que veo como los hijos se van, siento que tengo un plan de vida con propósito que no solo ocupará mis días sin hijos, sino que me traerá gran satisfacción y gloria a Dios.

Esto es para animarte, porque ahora que eres mamá, que realizas esa labor tan sublime, medites, creas y busques que hay más por hacer en tu vida. Desde ahora puedes preparar ese camino de satisfacción personal. Esfuérzate, estudia, prepárate, cree en ti y deja el temor a un lado, para que puedas iniciar el sueño que Dios tiene para tu vida, y así seas un modelo de empuje y desarrollo aún para tus propios hijos.

Tu ejemplo será el que tus hijos sigan. Ser mamá es más que estar físicamente presente, es enseñarles con el ejemplo a cómo actuar y todo lo que podemos alcanzar y para eso, soñar es esencial. Tus hijos necesitan ver que tú eres "tu propia persona", con tus propios intereses, sueños y pasiones. Ser una mamá no significa sacrificar todo de ti misma. ¿Cómo sabrán tus hijos la manera en la que deben actuar en el mundo y luchar por sus sueños, si no te ven a ti haciéndolo?

Al buscar tu misma tu llamado y tu propósito en la vida, estás a la vez, inspirando a tus hijos para que ellos hagan lo mismo.

Además, ten presente que el mundo necesita mujeres que hagan una diferencia y el trabajo de Dios, especialmente en nuestra comunidad latina, y tú puedes ser una de ellas. No te pierdas el plan y el propósito de Dios para tu vida, por creer una versión y una visión limitada de ti misma. Hay más para tu vida, y Dios quiere dártelo.

¿QUÉ TE LLEVAS HOY?

¡Mujer, eres una creación fantástica! con un maravilloso primer propósito, si Dios te ha dado el privilegio de ser mamá esa es tu primera etapa.

Pero al ser esa maravillosa creación de Dios también tienes un propósito divino para tu vida, el cual es tu responsabilidad hallarlo, desarrollarlo y gozarte de los resultados.

¡Dios quiere verte cómo una mujer que utilice todo lo que él te ha dado!

Tu título de mamá es irrevocable y permanente, siempre lo seguirás siendo, pero cuando los hijos crecen, está en nosotras que el síndrome del nido vacío no toque a tu puerta, ya que en la etapa en la que te encuentras ahora, te puedes dar cuenta también de que existe esa mujer que Dios creó para hacer aún más y cumplir todos sus propósitos en ti. ¡Así que prepárate y acciona hoy para llegar a ser esa mujer que Dios quiere que seas!

No es bueno
que el hombre esté solo;
le haré ayuda
IDÓNEA PARA ÉL
- Genesis 2:18

3

EL ROL DE LA ESPOSA

En el primer tema de este libro vimos, "El propósito de la mujer soltera", que tanto estar casados como la soltería son dones dados por Dios.

Quizás nuevamente te sorprenda escuchar esto, pues pensamos que somos nosotras las que trabajamos para adquirir lo que queremos. Y aunque lo hacemos, la palabra de Dios nos habla de cómo él interviene en estas relaciones y las llama "dones" que él entrega como regalos a unos y a otros de diferente manera.

Efesios 5:21-28 nos dice: "Sométanse unos a otros, por reverencia a Cristo. Esposas, sométanse a sus propios esposos como al Señor. Porque el esposo es cabeza de su esposa, así como Cristo es cabeza y Salvador de la iglesia, la cual es su cuerpo. Así como la iglesia se somete a Cristo, también las esposas deben someterse a sus esposos en todo. Esposos, amen a sus esposas, así como Cristo amó a la iglesia y se entregó por ella para hacerla santa. Él la purificó, lavándola con agua mediante la palabra, para presentársela a sí mismo como una iglesia radiante, sin mancha ni arruga ni ninguna otra imperfección, sino santa e intachable. Así mismo el esposo debe amar a su esposa como a su propio cuerpo. El que ama a su esposa se ama a sí mismo".

Estos son los estándares bíblicos para el matrimonio y como te puedes dar cuenta son bastante altos (más adelante profundizaremos en ellos). El mismo apóstol Pablo recomienda en 1 Corintios 7:8, que siendo este el caso, que nos conviene más no casarnos e incluso nos recomienda que sigamos su ejemplo.

Pese a estos estándares tan altos del matrimonio, la mayoría de las mujeres en todo el mundo desean casarse, y si pudieran escoger, preferirían recibir el don del matrimonio al de la soltería. Las atrae la idea romántica que nos vende el mundo sobre que en algún lugar de este planeta, existe una persona idónea para nosotras, que nos "complementará" y con la que seremos felices hasta el final de nuestros días.

Como mencionamos en el tema "El propósito de la mujer soltera", este es uno de los grandes engaños del mundo que ha ocasionado mucho daño. Las expectativas con las que las parejas llegan al matrimonio son muy altas, pero no con los estándares altos de Dios que vimos, sino con sus propios estándares egocéntricos que no involucran para nada, el sacrificio, la sumisión, ni el concepto de entrega o del amor de Dios.

Por el contrario, estos estándares apuntan a que sea la otra persona en la relación la que nos llene y nos complemente perfectamente, de una manera totalmente idealizada e irreal.

Entonces nos preguntamos ¿por qué hay tantos divorcios y separaciones en el mundo?, y esto se aplica de igual manera para los cristianos y para los no cristianos.

UNA VISIÓN ERRADA DEL MATRIMONIO

Como hemos visto en los diferentes estudios, vivimos en un mundo fallido. Desde el momento en que entra el pecado al mundo con Adán y Eva, ese mundo perfecto que Dios había creado para nosotros, se corrompe. Desde entonces no existe nada que sea perfecto, desaparece esa armonía perfecta en la naturaleza, dejan de existir los seres perfectos y nos rodea un mundo quebrantado. Esa es la realidad, todas las personas somos imperfectas y por lo tanto nuestras relaciones, cualesquiera que sean, también lo serán. No podemos ni debemos esperar perfección de nadie, porque ninguna persona puede llenar esos estándares imposibles.

Y es lo que sucede en esa visión distorsionada del matrimonio, en la que se ha puesto en un pedestal a la pareja perfecta, que sencillamente no existe.

Además de esto, otro problema de buscar a alguien que nos complemente es que, espiritualmente hablando, esto es idolatría. Como cristianas, nosotras debemos buscar nuestro complemento y propósito en Cristo. Si esperamos que nuestro esposo sea nuestro "Dios", él nos va a fallar siempre. No hay nadie que pueda llenar esas expectativas.

En lo que sí consiste el matrimonio es en una unión de dos seres imperfectos, a la que cada uno lleva sus dones y talentos, fortalezas y defectos y sus luchas individuales. Por lo tanto, esa "pareja idónea o perfecta" está muy lejos de serlo en la realidad.

Entonces, debemos cambiar nuestras expectativas del matrimonio —como algo perfecto, lleno de felicidad constante, libre de conflicto y como una obsesión idólatra—, ya que no corresponde a la manera en la que Dios lo creó. Pensemos en el matrimonio como compañerismo, intimidad espiritual y la habilidad de buscar a Dios juntos.

COMPAÑERISMO Y COMPAÑÍA

"Y dijo Jehová Dios: No es bueno que el hombre esté solo; le haré ayuda idónea para él"

(Génesis 2:18, RV60).

Desde el inicio, y aún antes de la caída, Dios menciona que no era bueno que el hombre (y por lo tanto la mujer) estuvieran solos y esa fue la razón original para el regalo y la bendición del matrimonio. No pasemos por alto que, antes que nada, el matrimonio representa una amistad, un compañerismo, una compañía entre dos seres con la misma capacidad para ayudarse mutuamente.

Dios nos hizo literalmente "el uno para el otro" y nos creó como seres relacionales, que nos necesitamos los unos a los otros. El concepto del individualismo no tiene cabida en el plan de Dios.

Cuando Dios crea a la "ayuda idónea" no es para nada una categoría inferior, sino que representa un complemento.

EL CONCEPTO DEL AMOR ES CLAVE

Todo parte del amor de Dios. Dos personas llegan al matrimonio por amor. Por amor es que la esposa se somete a su esposo, y su esposo se somete asimismo a ella.

El concepto de amor definido por la palabra de Dios es muy diferente al concepto del mundo. Ese es un tema al que profundizaremos en el libro #3 "Fuerte y Saludable" que forma parte de esta serie de libros "¡Levántate mujer!".

Veamos lo que nos dice la palabra de Dios acerca del amor: "El amor es paciente, es bondadoso. El amor no es envidioso ni jactancioso ni orgulloso. No se comporta con rudeza, no es egoísta, no se enoja fácilmente, no guarda rencor. El amor no se deleita en la maldad, sino que se regocija con la verdad. Todo lo disculpa, todo lo cree, todo lo espera, todo lo soporta" (1 Corintios 13:4-7).

Como puedes ver, este concepto bíblico del amor tiene un estándar muy alto, pero ese es el llamado más grande que Cristo nos hace, de amarnos los unos a los otros, y eso incluye al amor *eros* o el amor de pareja.Luego, veamos el requerimiento específico que se hace para los esposos: "Esposos, amen a sus esposas, así como Cristo amó a la iglesia, y se entregó a sí mismo por ella" (Efesios 5:25, RVC).

¿Y cómo amó Jesús a su iglesia? Entregando su vida por nosotros en una cruz; al morir desnudo y ensangrentado, sufriendo, poniendo sus necesidades encima de las nuestras y sacrificándolo todo por la iglesia.

¡Impresionante! Esto es un estándar increíblemente alto y, sin embargo, ¡es el estándar y llamado específico que Dios pide a los esposos dentro del matrimonio!

Asimismo, Dios nos llama a todos a amar a nuestro prójimo como a nosotros mismos, y como nuestro esposo es nuestro prójimo, estamos llamadas a amarlo de esa manera.

Si Dios dice: "ama a tu prójimo como a ti mismo", queda implícito el hecho de que:

- tu cónyuge es tu prójimo, y estás llamada a amarlo.

- tu cónyuge también está llamado a amarte pues tú eres su prójimo y aparte recibió el mandato específico de amarte como Cristo ama a su iglesia.

- que nosotras también debemos amarnos sin permitir ser humilladas, subyugadas, despreciadas o deshumanizadas, convirtiéndonos así en débiles y por lo general, en mujeres maltratadas. NO, la sumisión no se trata de eso.

Lastimar a nuestro cónyuge no es congruente con el mensaje del amor. Por lo que todo tipo de abuso no es permitido en nombre del amor y la sumisión. Debemos exponer este tipo de manipulaciones que son contrarias a la palabra de Dios, pero que desafortunadamente, es un concepto que continúa manejándose a veces en las iglesias, como parte de las creencias cristianas para salvaguardar el matrimonio.

EL CONCEPTO DE SUMISIÓN

No es fácil abordar este tema pues de muchas maneras va en contra de la cultura del mundo, la religiosa, la latina y machista, así que espero hacer una interpretación fiel a la palabra de Dios, que es a la que debemos obedecer, y no a la cultura, cualquiera que sea.

La Biblia nos habla de sumisión mutua en el matrimonio, pero el mandato para las esposas de someterse a sus esposos aparece tres veces en el Nuevo Testamento (en Efesios 5:22; Colosenses 3:18 y 1 Pedro 3:1).

En estos tiempos, nadie quiere oír hablar de sumisión y esto es entendible ya que este concepto se ha utilizado para cometer todo tipo de abusos en contra de la mujer, aparentemente "justificados y respaldados" por la Biblia. Aparte, como latinas, nos movemos en una cultura machista, que coopera con esta postura de la sumisión.

¿A QUIÉN ME SOMETO?

Resulta clave aclarar que la **sumisión** dentro del matrimonio debe ser **voluntaria**; es decir, solo tú puedes escoger someterte a tu esposo, nadie puede obligarte a tomar esta decisión. Es por amor a tu esposo, quien verdaderamente merece tu sumisión, que tú aceptas someterte. Si tú te encuentras sometida en contra de tu voluntad, esto no es la sumisión de la que habla la palabra de Dios, sino un abuso contra tu propia persona, con lo que Dios claramente no está de acuerdo.

Y te preguntarás, ¿existen límites dentro de la sumisión? ¿Hasta qué punto? ¿Si él quiere que vendas drogas? O, ¿si él quiere que robes o que vayas en contra de los mandatos de Dios? ¿Entonces, debes ser sumisa en eso también?

Hay pastores que les han recomendado a las esposas que, en nombre de la sumisión, aguanten los abusos verbales del esposo, infidelidades, violencia doméstica, etc. ¿Te das cuenta que esto no es congruente con lo que dice la palabra de Dios?

Por eso aquí es clave, que interpretemos el concepto de sumisión en armonía con el resto de la Biblia y con el concepto del amor. La palabra de Dios no justifica ni acepta ningún tipo de abuso o maltrato en el matrimonio, y eso es un mito que debemos desmantelar.

Entonces el mandato para las esposas de sumisión a sus esposos es un estándar muy alto, pero debe estar en armonía con el mandato del amor, que no tolera abusos.

Así que estos llamados que se nos hace, a ambos, esposo y esposa, apuntan al evangelio de Jesús, de rechazarnos a nosotros mismos, a nuestra carnalidad, y a someternos al propio Jesús completamente.

APORTE EN EL MATRIMONIO

En el matrimonio se unen dos personas creadas en completa igualdad, hechas a la imagen y semejanza de Dios, a las que él les ha otorgado dones y talentos específicos. Entonces los roles se definirán no en base al género, aparte de los mandatos para cada uno de someterse y amarse mutuamente, sino en base a esos dones y talentos que posee cada uno.

Si la mujer tiene el don de la administración y las finanzas, ella será quien se haga cargo de ello. Puede ser que la mujer también tenga el don de liderazgo y el esposo debe respetar y cultivar su don igualmente.

No hay una regla que diga que sea el esposo el que deba encargarse de una cosa o la otra, y resulta más exitoso basar las atribuciones en base a los dones y talentos, que en base al género. Es así, como debería funcionar el matrimonio, como un equipo, trabajando en unidad, aportando lo mejor de cada uno y usándolo para el bien de ambos y de la familia, glorificando de esta manera a Cristo, pues harán buen uso de todo lo que él les ha dado.

Aquí es donde es necesario identificar nuestros dones y talentos, para utilizarlos apropiadamente. Dios ha entregado tanto al hombre como a la mujer, las características y cualidades para que ambos puedan complementarse. Por eso, aún dentro de nuestras diferencias, tanto el hombre como la mujer cuentan con las fortalezas y capacidades para desempeñar el rol que a cada cual les compete.

La Biblia está llena de historias acerca de mujeres admirables, fuertes y temerosas de Dios. Por ejemplo, está **Abigail**, la esposa de Nabal, mencionada en 1 Samuel 25, que ante la necedad de su esposo y poniendo en peligro sus vidas y la de su familia, supo utilizar su don de liderazgo y buen juicio, para prevenir que el rey David los destruyera. Esta mujer acudió oportuna y sabiamente ante él, a quien apeló por misericordia. Gracias a su buen juicio e ingenio, logró salvar a su familia.

SERVICIO DENTRO DEL MATRIMONIO

Es fácil ver por qué Dios diseñó una unión enfocada en otra persona (que no seamos nosotras mismas) en un mundo que se mueve por el egocentrismo. Vivir de esta manera es un reto pues requiere amor, sumisión, trabajo constante, perseverancia, comunicación y, en fin, morir diariamente a nosotras mismas.

El objetivo del matrimonio es para glorificar juntos a Dios, en compañerismo y unidad, de modelar su amor y compromiso a nuestros hijos y de revelar su testimonio al mundo.

La que diga que el matrimonio es algo fácil, es porque nunca ha estado casada. Créeme que este tema es bastante sensible pero importante para que todas aprendamos y tengamos claro lo que realmente Dios nos ha encomendado a las mujeres y cuál debe ser nuestra postura frente a ello.

Esto no suena nada como el concepto prometedor del matrimonio del mundo de una pareja ideal y perfecta, que viven felices el resto de sus días. Y aclaremos que Dios no está en contra de nuestra felicidad, sino que su concepto para el matrimonio se extiende a algo mayor que nuestra felicidad y apunta a su existencia eterna y espiritual. El matrimonio refleja la relación entre Dios y su iglesia. Esto lo vemos a lo largo de toda la Biblia, en donde Jesús se refiere a sí mismo como el "esposo", a la iglesia como "la esposa" y el reino de los cielos como "el banquete de las bodas".

¿QUÉ TE LLEVAS HOY?

El matrimonio es un regalo de Dios, es la unión de un hombre y una mujer para disfrutar el compañerismo, la intimidad, formar una familia basada en el amor y el servicio mutuo y en la habilidad de buscar a Dios juntos. Tiene estándares muy altos, requiere trabajo constante, comunicación, sacrificio y renuncia a nosotras mismas.

Aplica lo aprendido para que, como esposa, fortalezcas tu relación:

- Reafirma el concepto de compañerismo y compañía dentro del matrimonio y que ambos se necesitan y se complementan.

- El matrimonio no gira alrededor de una persona, sino de Dios mismo, que es el centro de esta unión.

- Medita y reflexiona en los estándares altos de Dios para el matrimonio y el llamado específico que abarca para ti como esposa.

- Ora por tu esposo, en vez de quejarte de él. Aliéntalo en vez de criticarlo. Enfócate en las fortalezas de tu esposo más que en sus debilidades.

- Aprende y vive diariamente lo que Cristo nos enseña acerca de cómo amar a otros, incluyendo a tu propio esposo, pues como tu prójimo que es, estás llamada a amarlo, pero teniendo siempre presente que la sumisión es voluntaria y no significa permiso para el abuso, maltrato o humillación, pues esto es contrario al amor que Dios proclama en su Palabra.

DIOS le ha dado
a cada uno
su propio DON,
algunos de una manera y
a otros,
DE OTRA.
–1 CORINTIOS 7:7

4

CREADAS PARA CREAR

SOMOS LA OBRA MAESTRA DE DIOS

La mano de nuestro Creador está sobre nosotros. Él nos ha creado, tanto al hombre como a la mujer, a cada uno, como individuos únicos, no hay nadie como nosotros. Además, al estar hechos a la imagen y semejanza de nuestro Creador, existe dentro de nosotros esa chispa de creatividad.

La Biblia nos dice en Efesios 2:10, que somos la obra de arte de Dios, creados en Cristo Jesús para hacer buenas obras. La traducción de Pasión dice que somos "la poesía de Dios". La Nueva Traducción Viviente (NTV) nos llama "la obra maestra de Dios".

¿Cómo te hace sentir ¡que te digan que eres una obra maestra!?

Y el autor de Salmos 139:14 lo expresa con belleza:

> *¡Te alabo porque soy una creación admirable!*
> *¡Tus obras son maravillosas,*
> *y esto lo sé muy bien!*

Dios se revela como nuestro Creador, nos diseña y trabaja en nosotros como obras de arte extraordinarias.

Veamos nuestro cuerpo humano, funciona maravillosamente y es una obra de arte. Incluso los animales están tan diseñados con gran creatividad…

Hechos a imagen de Dios, significa que somos tanto creados como creadores. Y si nos damos cuenta, está en nuestra naturaleza darle forma, encontrar significado, expresar nuestros pensamientos no solamente con acciones, sino también con palabras, componer música, cantar, danzar, hacer arte, escribir poesía, hacer esculturas, diseñar, hacer jardinería y tanto más…

DESMANTELANDO LOS MITOS DE LA CREATIVIDAD

Aquí vamos a desmantelar tres mitos acerca de la creatividad que existen a la luz de la palabra de Dios:

Mito 1: Que la Biblia no tiene nada que ver con la creatividad ni el arte. Como ya dijimos, nuestro mismo creador es un artista, entonces en su Palabra también encontramos esa creatividad reflejada, especialmente en algunos libros que son poesía pura. ¡La Biblia es un libro de arte también! Algunos estiman que un tercio de la Biblia es poesía. Libros como Proverbios, Salmos, Cantar de los Cantares, Lamentaciones, Job, Eclesiastés, son poesía pura.

Jesús es uno de los poetas más famosos del mundo. La mayoría de las profecías del Antiguo Testamento están escritas como poesía. También a lo largo de la Biblia aparece el lenguaje figurativo y este requiere del mismo análisis que le hacemos a la poesía. Así que no pensemos que el arte es algo separado de la Biblia. Quizás el mundo lo haya separado, pero nosotros los cristianos no debemos hacerlo, porque de Dios y de su Palabra, parte todo lo que es bueno.

Mito 2: Que tú careces de creatividad. "Mi hermana sí, pero yo no". O "que mi papá sí, pero yo no". O que tu amiga es talentosa y tú no. Este es un grave error, porque como ya vimos, tú misma eres una obra de arte. Quizás no te sientas así, pero Dios, el más grande artista de todos, así lo ve. Cuando Dios te formó, creó una obra de arte y como estamos hechos a su imagen y semejanza, también nos ha hecho creativos, como él.

Quizás ya estés pensando: "Yo no soy creativa para nada. No tengo un hueso de creatividad en mi cuerpo". Estos son engaños que nos hemos creído. Tal vez alguien en tu escuela te dijo que no eras "artística", o quizás trataste de hacer algún tipo de arte y no te fue muy bien. Pero el fundamento sobre que todos somos creativos parte de nuestro propio Creador y está en su Palabra. Por ejemplo, aunque vivamos en casas o apartamentos que se vean idénticos, si entramos adentro de cada uno de ellos, veremos que son completamente diferentes por dentro.

Esto es un reflejo de nosotros, en los colores que escogemos para las paredes, los cuadros o fotos que colgamos y los accesorios que valoramos y que adornan nuestras casas. Si todos tuviéramos un papel blanco y crayones, todos haríamos algo completamente único. Lo creamos o no, **todos somos creativos**. Aunque debemos admitir que es algo muy frágil, que puede apagarse en nosotros y que nos puede dejar sintiendo que carecemos de talento o de esa chispa de la creatividad. Pero en realidad, está allí, tal vez enterrada, olvidada y abandonada, pero allí está.

Quizás nos faltó la oportunidad de explorarla; y también puede ser otra razón, que por falta de oportunidad no hayas usado tu creatividad en ningún área. Pero ahora que ya sabes, que eres inherentemente creativa, te animamos para que seas valiente y trates de hacer algo creativo. Puede ser algo que dejaste hace mucho tiempo, o tal vez algo que tú no has probado nunca. Te alentamos para que retomes los sueños que una vez tuviste y que intentes con tu creatividad una vez más.

Pensemos e imaginemos a Jesús por un momento, que viendo el oficio de su padre terrenal José escoge ser carpintero. Dios hecho hombre, usaba sus manos para crear y trabajar con la madera. ¡Imaginemos cuántas cosas creó! ¿Sillas, mesas, esculturas? ¡Y me imagino a Jesús disfrutando de su oficio, disfrutando de su creación! Y vayamos más allá, imaginemos a Jesús, el niño, en el taller de carpintería de José, observándolo trabajar la madera, viéndolo cortar la madera, oliendo la madera y el aserrín… O imaginarlo en el templo escuchando las palabras y la poesía de las Escrituras, sintiendo el ritmo del lenguaje y experimentando los tonos emocionales de los que leían la Palabra. Me pregunto también qué haría Jesús en las bodas y en fiestas, uniéndose en danzas y cantando y riéndose con su familia. Y quizás nos sirva reflexionar en estos aspectos de su vida, para conectar más profundamente con él.

Quiero contarte que yo hice un poco de carpintería, lijando la madera y luego pintándola con colores… Ha sido una experiencia muy especial que me ha hecho conectar tanto con Dios, pues mientras trabajaba me lo imaginaba a Jesús trabajando la madera… Y hasta la fecha eso me incentivó a pintar de nuevo y a utilizar madera en mis pinturas.

Mito 3: Que la única creatividad que existe es la música y el arte, y dentro del arte, específicamente el dibujo. O sea que, si no eres creativa en ninguna de esas dos áreas, entonces, no eres creativa. Esto es un engaño. Te pregunto, ¿eres buena para organizar o para las matemáticas? ¡Eso también es creatividad!

Otras prácticas son: la escultura, poesía, teatro, diseño de modas, tejido, bordado, coser, diseño de interiores, de exteriores, diseño gráfico, construcción, carpintería, cocina, repostería, panadería, canto, baile, danza, decoración, jardinería, etc., etc.

En nuestros momentos más oscuros, **nuestro impulso innato de crear siempre aflora.** No importa qué tan oscuras sean las etapas que vivimos, pareciera como que podemos imaginar que habrán cambios y transformaciones. Lo mismo sucede en otros aspectos. En la playa, hacemos castillos de arena o esculturas con piedras. En las civilizaciones antiguas, las personas hacían dibujos con piedras. En los campos de concentración, donde se destruía todo sentido de humanidad, los prisioneros recurrían al arte como una forma de encontrar dignidad y valor propio.

En nuestros países latinos, vemos la creatividad de los artesanos, hacen objetos increíbles con pocos materiales que tienen a su alcance. Pareciera que siempre la creatividad busca una manera de salir a la luz. No podemos evitarlo.

La Biblia está llena de creatividad, pues nuestro Dios es el ser más creativo que existe. Nos hizo a su imagen y semejanza, entonces encontramos reseñas de creatividad en la propia palabra de Dios, veamos algunos ejemplos.

MÚSICA: Los seres humanos no inventamos la música. La Biblia describe que en el cielo hay música y cánticos constantes, en donde criaturas espirituales tocan arpas y cantan alabanzas alrededor del trono de Dios. (Apocalipsis 5:9; 14:3; 15:2-3). Dios nos ha dado el regalo de la música y la necesidad de expresar nuestros sentimientos a través de ella, tocando un instrumento o cantando. Para las personas de fe, la música es un regalo de Dios (Santiago 1:17).

Grandes compositores y músicos han manifestado que la música es una forma de oración y alabanza. Es un encuentro profundo e íntimo con Dios. Podemos conectamos con Dios Padre en las diferentes formas de alabanza; ver cómo se mueve el Espíritu y nosotros mismos. La música nos lleva a un lugar de conexión con Dios, más profundo y más allá que usar nuestras propias palabras.

Una décima parte de la Biblia está escrita en las canciones de los salmos. El rey David, que escribió gran parte de ellos, era un gran músico, compositor y poeta. Utilizaba la música de manera extraordinaria para alabar a Dios.

ARTE: Es cualquier actividad o producto realizado por el ser humano con una finalidad estética o comunicativa, a través del que se expresa ideas, emociones, percepciones, sensaciones, o en general, una visión del mundo, mediante recursos, como los plásticos, lingüísticos, o sonoros. El mundo del arte y la vida del cristiano están generalmente separados. El arte existe en el mundo secular pero no le da gloria a nuestro Creador, que irónicamente es el que nos ha dado la habilidad de crear y de hacerlo con belleza. El arte y la belleza vienen de Dios. Ten por seguro que, a nuestro Dios, el más grande artista, le va a agradar nuestro arte.

En Éxodo 31 vemos que Dios escoge a artesanos para que construyan el tabernáculo. Y quiere que lo embellezcan con "diseños artísticos", trabajos en oro, plata y bronce y piedras preciosas, trabajos en madera. Dios llama específicamente a aquellos a quien él le ha dado el conocimiento y la habilidad de hacer esos diseños para que lo hagan.

POESÍA: Y también está la poesía. Y como dijimos, Dios ha llenado a la Biblia de poesía. Se calcula que un 27% de la Biblia está escrita en poesía. Poesía es el esfuerzo de una experiencia que nos mueve, utilizando un lenguaje escogido y estructurado y que es diferente de la prosa ordinaria. A veces rima y a veces no, pero siempre el poeta ha experimentado algo –ya sea terrible o maravilloso o simplemente ordinario– pero siente la necesidad de hacerlo extensivo a otros.

Usar palabras diferentes de la prosa ordinaria es la forma en que el poeta está tratando de despertar algo de su experiencia y quizás aún más, despertar algo en el lector. Muchas veces nuestras palabras o el lenguaje no alcanzan para expresar nuestras experiencias o sentimientos. **Esa limitación del lenguaje no produce silencio, sino poesía.** Así que, si no sabes cómo decir o expresar algo, dilo con poesía.

En nuestras clases del Instituto María y Marta hicimos un taller de poesía. Ninguna de las mujeres había escrito poesía antes, y estaban escépticas y temerosas de hacer algo así, no se creían capaces y no sabían cómo y no creían que iban a ser buenas… En fin, dimos una charla de lo que era la poesía y el efecto que produce y al hacerlo, esto despertó algo en ellas. Al final del taller, todas escribieron poemas extraordinarios, hasta ellas mismas se sorprendieron de lo que salió en su poesía. Y esta experiencia, les aseguro, dejó una huella en sus almas.

A través de la poesía puedes capturar miedos internos, deseos, amores o sueños o incluso asuntos con los que lidias que no puedes sacar o expresar, pueden manifestarse de una mejor manera en la poesía. A mí, por ejemplo, me gusta escribir poemas, me sirve de terapia, para sacar y liberar. He escrito varios poemas en mi vida y he seleccionado algunos de ellos para mi primer poemario.

SITUACIONES QUE BLOQUEAN LA CREATIVIDAD

Lo que puede prevenirnos de descubrir y de ejercitar nuestros dones y talentos:

1) **El cansancio** daña la creatividad. Cuando estas ocupada todo el tiempo y no descansas, tu mente no está alerta ni atenta para la creatividad.

2) **La tecnología**, como textear, las redes sociales, videojuegos y la televisión, nos pueden robar la creatividad; y peor aún, nos roban mucho tiempo, impidiéndonos fortalecer nuestros talentos.

3) El orgullo bloquea la creatividad. El talento es un regalo de Dios, así que dale gracias a Dios por las ideas y talentos que él te ha dado y utilízalos para glorificarlo. Y, además, aunque seas talentosa, esfuérzate y aprende lo básico para luego pulirlo y mejorarlo. Todo en esta vida requiere trabajo y esfuerzo.

BUSCA INSPIRACIÓN

1) En la naturaleza

La más grande inspiración para las personas es la naturaleza. De hecho, muchas personas llegan a conocer a Dios, simplemente al estar en contacto con la naturaleza. Esto sucede, porque evidentemente en su creación está presente el Creador. Al observar la creación de Dios nos damos cuenta de la creatividad de Dios.

Por ejemplo, en los animales vemos la diversidad y la belleza. No hay dos cebras cuyas rayas sean iguales. En los hermosos paisajes, en un lago rodeado de volcanes y montañas, o en una vista desde la cúspide de una montaña o en un atardecer en el mar o simplemente, una caminata por un bosque o parque, vemos la creatividad de Dios. Al estar ante una gran tormenta presenciamos el poder de Dios. Todo esto nos inspira, nos renueva. La parte creativa de nuestros cerebros se recarga cuando estamos en contacto con la creación de Dios.

2) En tus propias vivencias y emociones

El amor, la tristeza, la pérdida, el agradecimiento, la muerte, el dolor. Todo esto puede ser motivo de inspiración. De hecho, es lo que inspira la música, arte, poesía o literatura. Hacer arte en cualquiera de sus formas o crear, es una forma de liberar emociones, liberar sentimientos negativos, de sanar y también de terapia. El arte se usa mucho como terapia para niños y adultos que han pasado por situaciones traumáticas.

Así que Dios nos va a hablar siempre en lugares inesperados y va a aprovechar las situaciones que atravesemos para usar nuestra creatividad, solo está en nosotros que lo dejemos. Él tiene la habilidad de inspirarnos con ideas para usar nuestros talentos, no importa donde estemos.

Y cuando Dios provea la inspiración, no esperes para actuar. Parte del proceso creativo es la obediencia a la visión que Dios te da. Si no actúas, la inspiración puede desaparecer antes de que la captures.

3) Creatividad en tu vida diaria

Explora esta habilidad para crear y resolver asuntos diariamente. Busca resolver los problemas con creatividad, no te enfoques en el problema, sino en cómo solucionarlo. Esto cambiará tu vida.

¿CÓMO SER MÁS CREATIVAS?

1) Bajando el ritmo, e inhalando la belleza que existe a nuestro alrededor. Veamos con otros lentes toda la belleza que está a nuestro alrededor, y sin necesariamente ir a un lugar tipo postal. Mira a tus alrededores y encuentra belleza en donde estés. La encontrarás en los lugares más inesperados. Y dejemos al Espíritu Santo creativo que vive en nosotras y reconectemos con nuestro Padre Creador.

2) Permitamos a nuestros hijos crear con libertad. Alentémoslos para que lo hagan y se conecten con su Padre celestial y amoroso, de manera individual, única y creativa. Quién sabe a qué camino los lleve su creatividad y qué talentos escondidos descubran.

Incentivemos la creatividad que hay en nuestros niños. Ellos son un foco de creatividad. Constantemente pretenden y crean nuevos juegos. Convierten algo viejo en algo nuevo. Se destacan por la confianza y la valentía en incursionar en nuevas sendas y tomar riesgos. Debemos aprender de ellos y ayudarlos. Por ejemplo:

- A exponerlos a poemas y a diferentes tipos de música y artistas de diferentes géneros.

- A experimentar con diferentes medios y materiales: pinturas, lápices, crayones, yeso, plastilina, etc.

3) Pídele a Dios que te revele tus dones y talentos. Observa para lo que eres naturalmente habilidosa, lo que te sale bien, lo que te resulta fácil hacer y experimenta:

- Escribe tus pensamientos e ideas en un diario.

- Piensa en las virtudes de tus padres y abuelos. - Incorpora tus fortalezas en maneras creativas.

- Toma alguna clase. Muchas personas desean alcanzar el éxito de manera inmediata, pero nunca serán buenos, si no aprenden lo básico. Es necesario el aprendizaje para volverse entendido en algo. Inclusive, aunque no te sientas talentosa, trata de aprender de alguien que sea experto o toma una clase. A veces es buena la presión de haber pagado una clase y apuntar a una meta para aprovechar mejor nuestros talentos.

Para ejercitar tus talentos no solo es cuestión de descubrirlos, sino que esto requiere práctica y disciplina, como todo en la vida. Y el darte permiso de experimentar y explorar con curiosidad como la de un niño.

Toda buena dádiva
Y TODO DON PERFECTO
DESCIENDEN
de lo alto
—SANTIAGO 1:17

5

DESCUBRIENDO NUESTROS DONES Y TALENTOS

¿Para qué soy buena? ¿Alguna vez te lo has preguntado? ¡O quizás te has dicho, no soy buena para nada en particular! Ves a otras personas y piensas, ellas poseen talento para cantar o pintar o tratar con la gente, y ¿por qué a ella se le facilita esto y a mí no?

Quiero asegurarte algo, tú tienes tus propios dones y talentos. Lo creas o no, posees dones y talentos, quizás no sabes cuáles son o no los has descubierto todavía, pero cuentas con ellos.

¿POR QUÉ ES IMPORTANTE CONOCER TUS DONES Y TALENTOS?

Es muy importante conocerlos para que los utilices y para que los desarrolles, porque cuando usas tus talentos y lo haces en aquello que te apasiona, allí vas a ver fruto, satisfacción, gozo. Entonces vas a poder alinear tus dones y talentos con tu propósito, porque todo esto está relacionado.

Los dones y talentos que Dios nos da son como pequeñas semillas que están plantadas dentro de ti pero para que crezcan, hay que usarlas y esto significa realizar actividades que te interesen. Al hacerlo, Dios te irá revelando más acerca de quién eres y de cómo él te ha llamado para servirle.

Empieza por preguntarte, ¿qué me enoja o qué me disgusta? y ¿qué me emociona, enciende o apasiona? Toma nota cuando tus emociones se mueven, porque esto puede ser un indicador del propósito de Dios para tu vida. Es importante que notes que en definitiva al descubrir tu propósito, no es acerca de ti, sino de lo que Dios quiere hacer a través tuyo.

Puede ser que te encuentres insatisfecha en tu trabajo u ocupación, y no debes ignorar esa insatisfacción, o lo que otros te dicen acerca de tus dones y talentos. Al ignorarlo, no solo estás traicionándote, sino que estás traicionando a Dios, porque él te ha llamado con un propósito y quiere que camines en él, por y para los demás. Eso redundará en tu propio gozo y bienestar.

Dios te ha llamado **a ti por nombre** y es totalmente capaz de revelarte el propósito que tiene para ti, y él lo hará, cuando lo busques con sinceridad (Hebreos 11:6).

FUNDAMENTO BÍBLICO

Estas afirmaciones sobre los dones y talentos están fundamentadas en la palabra de Dios.

a) Todos tenemos distintos dones y talentos En 1 Corintios 12:5-6, LBLA, se nos dice: "Y hay diversidad de ministerios, pero el Señor es el mismo. Y hay diversidad de operaciones, pero es el mismo Dios el que hace todas las cosas en todos".

Los dones y talentos son **diversos**, algunos son artistas y pintan, otros construyen usando sus manos, otros cocinan, etc., pero continúa diciendo ese pasaje en el versículo 7 que: "A cada uno se le da una manifestación especial del Espíritu para el bien común".

b) Los dones y talentos son creados y dados por Dios

En Santiago 1:17 dice: "Toda buena dádiva y todo don perfecto descienden de lo alto, donde está el Padre que creó las lumbreras celestes, y que no cambia como los astros ni se mueve como las sombras".

c) Nuestros dones y talentos fueron creados para glorificar a Dios, para servir a otros, para edificar y evangelizar.

En 1 Pedro 4:10-11 se nos dice: "Cada uno ponga al servicio de los demás el don que haya recibido, administrando fielmente la gracia de Dios en sus diversas formas. El que habla, hágalo como quien expresa las palabras mismas de Dios; el que presta algún servicio, hágalo como quien tiene el poder de Dios. Así Dios será en todo alabado por medio de Jesucristo, a quien sea la gloria y el poder por los siglos de los siglos. Amén".

LOS DONES ESPIRITUALES

Puedes ver una serie de dones y actividades que Dios ha designado a la iglesia y encontramos la mayoría de ellos en Romanos 12:6-8; 1 Corintios 12:8-10; 28-30; Efesios 4:11; y 1 Pedro 4:9-11.

Quizás ya has escuchado varios de estos dones en tu iglesia. Si no, es importante que identifiques tus dones espirituales para que sepas en dónde puedes servir mejor en el cuerpo de Cristo y en dónde serás más útil. Lo maravilloso de Dios es que él dispone de estos dones en diferentes tiempos. Así que, si sientes que no tienes ningún don espiritual por ahora, Dios puede activarlo en cualquier etapa de tu vida para edificar a su iglesia.

a) Liderazgo - Esta función ayuda al cuerpo a dirigir a los miembros a cumplir las metas y propósitos de la iglesia. El liderazgo motiva a la gente a trabajar juntos en unidad hacia una meta en común (Romanos 12:8).

b) Administración - Las personas con el don de la administración ayudan con el orden y la organización (como la contabilidad, recursos humanos y demás). Esto permite que el cuerpo pueda alcanzar sus propósitos y metas.

c) Enseñanza - El don de la enseñanza es para instruir a los miembros en las verdades y doctrinas de la palabra de Dios con el propósito de edificar, unificar, y fortalecer al cuerpo (1 Corintios 12:28; Romanos 12:7; Efesios 4:11).

d) Conocimiento - El don del conocimiento se manifiesta en la enseñanza y el entrenamiento, en el discipulado. Es la habilidad dada por Dios de aprender, conocer, y explicar las verdades preciosas de la palabra de Dios. Una palabra de conocimiento es una verdad revelada por el Espíritu (2 Pedro 1:8).

e) Sabiduría - Es el don que discierne la obra del Espíritu Santo en el cuerpo y aplica sus enseñanzas y acciones a las necesidades del cuerpo (Efesios 1:17).

La sabiduría nos da un entendimiento íntimo de la palabra de Dios y a través de ella, puedes dar palabras de vida a personas determinadas en situaciones específicas con entendimiento, con una perspectiva justa guiándolas hacia una vida santa y de adoración a Dios.

f) Profecía - El que ejerce el don de la profecía proclama con valentía la palabra de Dios. Esto edifica al cuerpo y lleva a la convicción de pecado. La profecía se manifiesta en la enseñanza y en la predicación (1 Corintios 12:10; Romanos 12:6).

A través de la profecía, puedes recibir un mensaje divino y compartirlo con el cuerpo (puede ser una inspiración, exhortación, revelación de pecado o corrección).

g) Discernimiento - Es la habilidad de distinguir o evaluar a una persona, una palabra compartida, una situación o ambiente. Ayuda al cuerpo a reconocer las intenciones verdaderas de aquellos dentro del cuerpo o de los que están involucrados con él. El discernimiento prueba el mensaje y las acciones de otros para la protección y bienestar del cuerpo (1 Corintios 12:10).

h) Exhortación - Los que poseen este don son animados a estar involucrados y entusiasmados con el trabajo del Señor. Además, son buenos consejeros y motivan a otros a servir. La exhortación se manifiesta en la predicación, la enseñanza, y el ministerio. La exhortación anima al cuerpo a trabajar y confiar en el poder de Dios.

i) Pastoreo - El don del pastoreo se manifiesta en personas que están pendientes del bienestar espiritual de otros. Aunque los pastores atienden a los miembros de la iglesia, este don no se limita solamente a un pastor o al personal de la iglesia (Efesios 4:11).

j) Fe - La fe confía que Dios trabajará más allá de las capacidades de la gente. Los creyentes con este don animan a otros a confiar en Dios al enfrentar situaciones aparentemente insuperables (1 Corintios 12:9). Su relación cercana con Dios les otorga confianza y certeza, que les ayuda a vivir sin temor y con valentía. Saben que Dios es bueno, soberano.

k) Evangelismo - Dios dota a su iglesia con evangelistas que llevan de manera efectiva y entusiasta a otros a Cristo. Este don edifica al cuerpo al añadir nuevos miembros (Efesios 4:11). Los evangelistas sienten una gran responsabilidad para alcanzar a personas perdidas y para anunciar la palabra de Dios. Pueden sobrellevar el temor de ser rechazados y conversar de Jesús con los no creyentes.

l) Apostolado - La iglesia envía apóstoles para que planten iglesias o sean misioneros. Los apóstoles motivan al cuerpo a mirar más allá de sus paredes para llevar a cabo la Gran Comisión (1 Corintios 12:28; Efesios 4:11). - Plantan nuevas iglesias y ministerios, predican el evangelio en nuevos lugares, entre distintas culturas, establecen iglesias en comunidades o contextos difíciles, levantan líderes, levantan pastores.

- Son líderes de líderes, ministros de ministros.

- Son personas que influyen, son emprendedores, pueden tomar riesgos, realizar tareas difíciles.

m) Servicio o Ayuda - Aquellos con el don de servicio/ayuda reconocen las necesidades prácticas en el cuerpo y asisten con gozo para suplir esas necesidades. A los cristianos con este don no les importa desarrollar trabajos de menor protagonismo (1 Corintios 12:28; Romanos 12:7).

- Cubre una variedad de actividades, cualquier acto de servicio hecho con amor genuino para edificar a la comunidad.

- Muchas veces las personas con este don ayudan y apoyan en lugares y tareas para que otros puedan usar sus dones y talentos con un papel más protagónico.

n) Misericordia - Los actos compasivos caracterizan a aquellos con el don de la misericordia. Las personas con este don ayudan al cuerpo al empatizar con los miembros que sufren. Mantiene saludable y unificado al cuerpo manteniendo a otros conscientes de las necesidades dentro de la iglesia (Romanos 12:8).

o) **Dar** - Los miembros con este don se caracterizan por dar con alegría y por su liberalidad para cubrir necesidades y cumplir la misión del cuerpo (Romanos 12:8).

p) **Hospitalidad** - Aquellos con este don hacen que los visitantes, invitados y extraños se sientan cómodos. A menudo abren su hogar para recibir invitados. Las personas con este don integran nuevos miembros al cuerpo (1 Pedro 4:9).

LOS TALENTOS

Los dones espirituales son distintos a los talentos. Los talentos también los da Dios, pero tienden a ser más habilidades naturales.

- Se desarrollan con empeño, practica, estudio y constancia.

- Muchas veces vemos personas muy talentosas y exitosas y quizás pienses, que no puedes alcanzar ese nivel. Pero la realidad es que el talento se va desarrollando a través del tiempo, de la constancia, de sacrificio y de mucho trabajo.

- Dios nos da talentos, pero es nuestra responsabilidad desarrollarlos. Tu talento natural va a mejorar cuando lo pulas con instrucción, estudios, clases, guía y práctica.

EJERCICIOS

Pídele a Dios que te muestre cuáles son las tareas con las que te sientes cómoda, y empieza a hacer una lista, como las que te sugerimos a continuación. Recuerda que más que tú, Dios quiere que descubras tu propósito.Los siguientes ejercicios y listas te ayudarán a autoevaluarte y asesorarte para identificar tus dones y talentos.

a) Empieza por escribir una lista de las actividades **que más disfrutas** hacer (quizás es comunicar, argumentar, limpiar, organizar eventos, acompañar, construir, dibujar, enseñar).

b) Ahora escribe una **lista de actividades que has hecho y que NO te gusta hacer**, y que evitas. Quiero hacer una distinción aquí, porque hay tareas que quizás resistes hacer, pero que nunca has intentado. Y tal vez algún día lo tengas que hacer, y entonces te darás cuenta si te gusta o no. Es posible que te sorprendas y descubras que algo que creías que no te iba a gustar, te termina gustando mucho más de lo que esperabas.

Muchas veces las circunstancias nos obligan a intentar algo nuevo o distinto, y allí es cuando nos damos cuenta si nace un nuevo interés y si nos sentimos con el potencial para realizarlo. Debemos estar abiertas para recibir nuevos desafíos. Muchas veces no sabemos si somos buenas para algo simplemente porque no nos hemos dado la oportunidad de intentarlo.

Es importante preguntar a las personas que te conocen y pedirles su opinión acerca de tu trabajo como cocinera, como cantante, como escritora, como maestra, como organizadora, etc., o en algo que te interese mejorar o ponerle más atención y empeño. Esa retroalimentación es importante. A veces no preguntamos porque nos da temor o nos hace sentirnos inseguras, pero es importante hacerlo.

Todos queremos saber si estamos haciendo un buen trabajo, pero no nos daremos cuenta de esto, si no recibimos esa retroalimentación. Así que, pregunta, observa, escucha qué dice la gente de tu trabajo.

c) Otra lista que puedes elaborar es sobre lo que has estudiado o en el área en la que te has preparado, ya sea académica, ministerial, familiar o en alguna carrera u oficio.

Al hacer estas listas presta atención a las tendencias, y pregúntate, ¿qué se repite, qué poseen en común?

RECURSOS

Existen varios libros y recursos más formales que puedes usar para descubrir tus dones y talentos. Hay exámenes de dones espirituales. Hay algunos que puedes encontrar gratis por internet, hay otros de costos accesibles.

Para descubrir los talentos, existen varios estudios de personalidad que podemos hacer. Aquí en el Instituto María y Marta, recomendamos el **Eneagrama** (que lo encuentras en el libro #1 de "Identidad" de esta misma serie "¡Levántate mujer!"). Este es un estudio de la personalidad mucho más profundo que otros, está basado en la motivación interna de cada uno, y no en el comportamiento, como la mayoría de los estudios de personalidad que te brindará entendimiento, además de transformación.

¿QUÉ TE LLEVAS HOY?

Mujer, tu vida tiene propósito, cuentas con dones y talentos diseñados por Dios antes de que existieras. Dedica tiempo para reconocer quién eres, para qué fuiste hecha, y qué te ha dado Dios para llevar acabo ese propósito. Cuando apartamos tiempo y hacemos el empeño de aprender para qué y para quién fuimos creadas, podemos tomar todo lo que Dios ha puesto a nuestra disposición para honrarlo, para honrar a la iglesia, nuestras familias, comunidades. Dios nos va a llamar a cada una y nos preguntará: ¿Qué hiciste en tu vida con los dones y talentos que te di?

No amemos de palabra
ni de labios
para afuera,
sino con hechos
y de verdad.
— 1 Juan 3:18

6

UNA MUJER DE ACCIÓN

Vivimos una época en la que todo lo estamos realizando desde la comodidad de nuestra casa, desde nuestra computadora o, mejor aún, desde el teléfono. A través de la tecnología, podemos hacer prácticamente de todo, socializar, ordenar y comprar, informarnos, aprender, comentar, apoyar causas, o bien, discutir y oponernos a temas o causas contra las que estamos en desacuerdo, etc. Todo esto se encuentra al alcance de nuestros dedos en cualquier momento y sin necesidad de ir prácticamente a ningún lado.

Y se da un fenómeno que se conoce como **el activismo desde el sillón**, que viene a ser una manera de realizar acciones en línea sin abandonar nuestra comodidad, ni nuestras actividades habituales, e interactuando solamente por las redes sociales. Es decir, que a través de las redes sociales realizamos todas nuestras actividades. Esto se lo denomina "activismo holgazán" o pasivo, porque requiere de un mínimo esfuerzo por parte de los usuarios para hacer valer su voz en ciertas causas. El nivel de involucramiento y la contribución es mínima, y sin embargo, muchas personas la consideran suficiente.

Con el simple hecho de darle un "like" a algo, o hacer un comentario, pensamos que ya con eso estamos haciendo una diferencia en nuestro mundo. Si creemos esto, como muchas personas lo hacen, caemos en el grave peligro de volvernos adictas a una superficialidad en donde lo que importa es la apariencia, el número de "likes" de "seguidores", se llenan con los comentarios aduladores de otros, etc. Y digo "superficialidad" porque muchas personas están aparentemente satisfechas con esto, pero nunca se han sentido más solas.

Y la realidad es que la participación en línea no acarrea el mismo peso que las demostraciones, o movimientos directos de acción personal.

Nunca se puede sustituir una cosa por la otra, pues Dios nos hizo seres relacionales. Nos necesitamos unos a otros en profundidad, para entendernos, escucharnos, alentarnos con conversaciones y relaciones, no con ese mundo liviano y ligero que nos presenta las redes sociales.Por eso, vemos estos temas como el activismo del sillón o del clic, que se usan como una manera derogatoria para describir la contribución e impacto mínimo del activismo en línea.

Esto no quiere decir que comentar, repostear artículos o darle "like" a otros que están promoviendo temas importantes y creando conciencia de los sucesos que están pasando en el mundo, en nuestras comunidades, etc. no puede ser algo positivo, ya que sí lo puede ser.

Pero el cambio interno, el cambio de corazón, la ayuda que la gente necesita, la respuesta a una herida o dolor no va a venir a través de lo que posteas en las redes sociales. Se requiere de tu accionar, que te levantes de tu silla, que dejes la computadora o el teléfono y las redes sociales y tomes acción en vivo y en directo.

Por ejemplo, el racismo que estamos viendo en los Estados Unidos o el clasismo que vemos en muchos de nuestros países latinoamericanos no va a cambiar simplemente por postear o comentar en Facebook o en las redes sociales. No vas a cambiar a una persona que es racista posteando o discutiendo con tus comentarios en Facebook. Estos son problemas cuyas raíces son profundas y están basados en sistemas de opresión que han existido por años. Esto requiere tiempo, esfuerzo y acción. Requiere hacer un trabajo personal, ver tu propio corazón y tus propios prejuicios, educarte acerca de lo que está pasando fuera de las redes sociales. Es importante tomar acciones precisas que ayuden a las personas con buenas inquietudes, a la búsqueda de la justicia, que impacten y traigan cambios favorables en los sistemas que han existido por siglos.

No es positivo, ni mucho menos, mejor, cuando **sustituimos** una cosa por la otra. Cuando todo lo queremos hacer en línea y a través de un clic, muy fácil y sin mayor esfuerzo, definitivamente no es mejor. Debemos tener claro que no hay nada que pueda sustituir esas *acciones concretas* que van más allá de emitir un comentario por las redes sociales.Nunca nada va a sustituir un abrazo, un toque, una caricia, un oído atento, un contacto visual, ver el lenguaje corporal de los demás.

¿Sabías que más del 90% de nuestra comunicación ocurre con nuestro lenguaje corporal? Por lo tanto, si nos limitamos a comunicarnos solamente en línea, como está ocurriendo ahora en el mundo, nos estamos perdiendo de la verdadera comunicación que usamos y necesitamos los seres humanos, como nuestro tono de voz, nuestra mirada, nuestras expresiones faciales, y lo que comunicamos con el resto del cuerpo, con nuestras manos, brazos, posición en que nos sentamos o nos paramos, etc. Y si no nos comunicamos bien, entonces tampoco nos podremos entender, ni menos conocer ni ayudarnos los unos a los otros. ¿Te das cuenta de lo que nos perdemos al limitarnos a la comunicación en línea?

Tenemos que estar alertas y atentas a esto pues, aunque la tecnología traiga cambios en la manera en la que nos comunicamos, esto no necesariamente significa que haya progreso o que estemos mejorando como sociedad.

¿CÓMO NOS HACE SENTIR ESTE ACTIVISMO DESDE EL SILLÓN?

Nos da una falsa sensación de que estamos siendo útiles, de que estamos haciendo y de que realmente estamos impactando de alguna forma a las personas que lo necesitan.

Y como ya dijimos, puede haber un buen propósito en postear en las redes sociales, pero no podemos ni debemos **reemplazar el postear con el hacer**. No confundamos postear algo con realmente tomar acción y hacer algo que verdaderamente va a causar un impacto en las personas.

Como mujeres cristianas, tenemos que reconocer que:

a) Existe una conexión entre la manera en la que respondemos a Dios y en la que le respondemos a nuestro prójimo. Amar a Dios y amar a tu prójimo están conectados.

Este es el mandamiento más grande que hay. No podemos decir que amamos a Dios, si no amamos a nuestro prójimo.

b) Postear en las redes es algo mínimo. No es suficiente creer que estar posteando en las redes citas edificantes de personas conocidas o citas bíblicas, con eso alcanza. Escuchar, entender y aprender, lo podemos hacer en las redes sociales, pero esto es insuficiente.

Como cristianas, nuestra ética debe aliñarse con el carácter que desarrollamos por caminar con Cristo. Esto significa que:

- No puede moverse por lo que el mundo nos dice.

- No puede ser según las frases, dichos o enseñanzas que no se alinean con lo que dice la Palabra.

- Más que información, necesitamos el conocimiento de la Palabra ya que la sabiduría viene a través de Dios, como lo hablamos en el tema de "Una mujer con Sabiduría" en el libro #4 de "Liderazgo" de esta misma serie.

c) Nuestras palabras tienen que estar respaldadas por nuestras acciones. La fe sin obras está muerta. Siempre debemos llevar nuestras palabras hacia la acción.

¿CÓMO AYUDAMOS A NUESTRO PRÓJIMO?

En Lucas 10:25-37 encontramos la parábola del buen samaritano:

"En esto se presentó un experto en la ley y, para poner a prueba a Jesús, le hizo esta pregunta:

—Maestro, ¿qué tengo que hacer para heredar la vida eterna?

Jesús replicó:

—¿Qué está escrito en la ley? ¿Cómo la interpretas tú?

Como respuesta el hombre citó:

—*"Ama al Señor tu Dios con todo tu corazón, con todo tu ser, con todas tus fuerzas y con toda tu mente" y: "Ama a tu prójimo como a ti mismo".*

—*Bien contestado —le dijo Jesús—. Haz eso y vivirás.*

Pero él quería justificarse, así que le preguntó a Jesús:

—*¿Y quién es mi prójimo?*

Jesús respondió:

—*Bajaba un hombre de Jerusalén a Jericó, y cayó en manos de unos ladrones. Le quitaron la ropa, lo golpearon y se fueron, dejándolo medio muerto. Resulta que viajaba por el mismo camino un sacerdote quien, al verlo, se desvió y siguió de largo. Así también llegó a aquel lugar un levita y, al verlo, se desvió y siguió de largo. Pero un samaritano que iba de viaje llegó a donde estaba el hombre y, viéndolo, se compadeció de él. Se acercó, le curó las heridas con vino y aceite, y se las vendó. Luego lo montó sobre su propia cabalgadura, lo llevó a un alojamiento y lo cuidó. Al día siguiente, sacó dos monedas de plata y se las dio al dueño del alojamiento. "Cuídemelo —le dijo—, y lo que gaste usted de más, se lo pagaré cuando yo vuelva". ¿Cuál de estos tres piensas que demostró ser el prójimo del que cayó en manos de los ladrones?*

—*El que se compadeció de él —contestó el experto en la ley.*

—*Anda entonces y haz tú lo mismo —concluyó Jesús".*

OBSERVACIONES DE ESTA PARÁBOLA

a) ¿Quién es mi vecino?

¿Por qué preguntó eso el experto en la ley? Porque en esos tiempos como hoy, había divisiones entre grupos étnicos y él seguramente quería escuchar una respuesta de parte de Jesús, que aceptara esa división. Quizás quería que Jesús le respondiera que su vecino era únicamente la gente de su mismo grupo étnico, raza o personas de su estrato socioeconómico, etc.

b) El camino a Jericó

Era uno de los caminos más peligrosos que existían. Aquí los ladrones y criminales asaltaban y mataban a los transeúntes. También engañaban a las personas haciéndose pasar por heridos para luego saltarles encima y atacarlas. Por lo tanto, detenerse en el camino a Jericó para ayudar a otro, significaba arriesgar uno su propia vida.

c) Los líderes religiosos

El sacerdote y el levita eran líderes religiosos. Ellos pasaron por el camino, vieron al hombre herido y no se detuvieron. Ellos estaban más preocupados por lo que les iba a pasar a ellos que por lo que le podía pasar al herido.

Cuántas veces ignoramos una situación por estar demasiado apresurados, ocupados, por no ser incomodados, o simplemente por no querer confrontar un conflicto.

Involucrarnos en las injusticias y en la vida de los demás nos va a costar algo. Cualquier relación con las personas te costará algo. Incluso tu relación con Dios te cuesta algo. Te ha costado renunciar a tu carnalidad y a tus deseos.

d) El buen samaritano

Los samaritanos en ese tiempo eran vistos mal, se los consideraban paganos, por su sangre israelita y gentil, y su religión era una mezcla de creencias y prácticas judías y paganas.

Era inesperado que él ayudara por su grupo étnico y porque los judíos odiaban a los samaritanos.

Sin embargo, es el samaritano, la persona más inesperada, la que se compadece de la persona herida. No fueron los líderes, sino un samaritano, el que se compadeció del herido.

El samaritano pudo haber ignorado al herido, pues no era como él, o pudo haber pensado que era demasiado problemático y riesgoso ayudarlo, pero se compadeció y se detiene a ayudarlo. No se detiene en cualquier camino, sino en el camino a Jericó, que era muy peligroso. Así que arriesga su propia vida porque él no se preguntó que le iba a pasar a él si lo ayudaba, sino que se preguntó: "¿Qué le va a pasar a este hombre herido si yo no lo ayudo?". ¡Y esta pregunta cambia todo!

Así que este buen samaritano, no solo arriesgó su vida, sino le curó las heridas e incluso va más allá. No lo deja allí, sino que lo carga a este extraño y lo lleva a una posada en donde se asegura que lo cuiden cubriendo todos los gastos necesarios. Le pagó los gastos de hospedaje, equivalente a tres semanas de estadía en ese lugar.

ANDA Y HAZ LO MISMO

Ahora en los tiempos en que estamos viviendo, hay tanta necesidad por todos lados, y si tú estás en una posición privilegiada, ayuda a quien puedas, págales la renta a otros, sus servicios médicos, etc.

No discrimines o menosprecies a las personas. No seas selectiva de quien es tu vecino. Ya hablamos de que Dios te ha posicionado en el lugar en el que estás, te ha puesto específicamente a ciertos vecinos a tu alrededor, en tu área de influencia, familia, vecindario, trabajo y ciudad, y a ellos tienes que amar, cuidar y servir, sea quien sea…

Enfatizo, no podemos amar a Dios, si no amamos a nuestro prójimo. Esto significa ayudarlo, servirlo, como lo hizo el buen samaritano. Amar a Dios es tener misericordia por otros, por tu prójimo, por el necesitado, por las personas hechas a su imagen y semejanza, lo cual somos todos los seres humanos.

De esa relación con Cristo crece todo, la sabiduría, el amor, la misericordia y compasión, la vida abundante, etc.

Esto significa que no puedes ignorar las necesidades y sufrimientos de personas que te rodean, y debes preguntarte: "¿Qué diferencia puedo hacer? ¿Cómo lo puedo hacer?".

Antes de postear, infórmate de que sea una buena fuente, asegúrate que lo que vas a postear o a repostear sea verdad, pregúntate si es algo constructivo y no destructivo, y, sobre todo, que coincida con el carácter de Dios.

AYUDA A CURAR HERIDAS

a) Vivimos en un mundo apresurado con las ocupaciones de cada día. Estamos constantemente bombardeados con información en las redes sociales, pero necesitamos pausar, reflexionar y ver lo que está pasando en el mundo, lo que le está pasando a nuestros prójimos.

b) Sé un buen vecino siempre, y más cuando alguien lo necesite. Tu vecino y prójimo puede ser quien menos esperes.

c) No desperdicies tu tiempo en las redes sociales, siendo solamente una espectadora o manteniendo conversaciones que nada aporten. Si vas a postear algo para crear conciencia, que eso no se quede allí. No puedes quedarte como los líderes religiosos, que vieron al hombre herido y necesitado y no hicieron absolutamente nada para ayudarlo.

d) Cuando nos toque enfrentar este tipo de situaciones debemos preguntarnos siempre, ¿qué puedo hacer? ¡Y tomar acción!

NO ESPERES NADA A CAMBIO

En las redes sociales muchas veces estamos esperando que alguien nos aplauda por haber dicho algo o por haber posteado algo.

Mateo 6:4, NTV, dice: "Entrega tu ayuda en privado, y tu Padre quien todo lo ve te recompensará". No postees fotos de lo que hiciste y a quien ayudaste. Es mejor mantener en privado lo bueno que hiciste pues lo hiciste para tu Padre y él lo sabe. Tu recompensa no son los aplausos de la gente o el reconocimiento. Tu recompensa vendrá de Dios.

Y a cualquiera
que te obligue a llevar
carga por una milla,
ve con él dos
- Mateo 5:41

7

RECORRIENDO LA MILLA EXTRA

La frase **"recorre la milla extra"**, que es muy usada en la cultura de los Estados Unidos, tiene sus raíces en el siglo primero en Palestina. Los romanos habían conquistado la mayor parte del mundo Mediterráneo y una maravilla de sus conquistas era el sistema de carreteras que habían construido para viajar hacia y desde sus territorios conquistados.

Había más de cincuenta mil millas de esas carreteras romanas alrededor de todo el imperio romano y en cada milla había un marcador de piedra. Estos marcadores señalaban direcciones, determinaban la distancia hacia el siguiente pueblo, así como a la ciudad de Roma y advertían de los peligros que había en el camino. De aquí deriva, la otra frase famosa: "Todos los caminos conducen a Roma".

Por ley, un ciudadano romano o soldado podía obligar a uno de los habitantes de las tierras conquistadas a que le llevara su mochila o la carga que fuera, por una milla, pero por una milla solamente.

Entonces, cuando Jesús predicaba su Sermón del monte mencionó lo de una segunda milla, quizás para usarlo como una lección para sus seguidores, para que entendieran el concepto de una manera más clara y evidente.

Jesús dijo: *"y a cualquiera que te obligue a llevar carga por una milla, ve con él dos"* (Mateo 5:41, RV60).

¿Te imaginas la reacción de los habitantes de las tierras conquistadas al escuchar este sermón de los propios labios de Jesús? Jesús estaba diciéndoles no solamente que hicieran lo que se les requería, ¡sino aún más!

En cualquier oficio o profesión, sea en educación, deporte, negocios, arte o lo que sea, ¿qué es exactamente lo que distingue y separa a unos de otros? ¿Será su motivación por hacer más de lo requerido o lo que se espera de ellos?

¡Claro que sí! La persona que resalta es la que hace más de lo que le corresponde, sin que nadie le diga nada.

Cuando nos enfocamos en la segunda milla, muchos se olvidan de que hay dos millas en la jugada. Hay una milla que es la que estamos obligados a recorrer, la que se nos pide obligatoriamente; pero hay otra milla, es la segunda milla. A esta la llamaremos: **"LA MILLA MILAGROSA"**. Es la que no se nos requiere que recorramos, pero es con la que podemos obtener milagros y más, mucho más.

La primera milla es motivada por la ley

La primera milla es siempre la más difícil. Pregúntale a cualquier corredor de maratones. La razón es que no es tan fácil disfrutar lo que nos corresponde hacer como lo que queremos hacer.

En la vida cristiana, la primera milla está motivada por la ley. Representa lo que se espera de nosotros que cumplamos.

Resulta difícil empezar a recorrer la primera milla y esto no es solo en la vida cristiana, sino para todo en la vida. ¡Pensemos cuando se trata de ponerte a dieta o de hacer ejercicios o de obtener resultados en cualquier otra disciplina, como memorizar las Escrituras!

No podemos recorrer una segunda milla, si primero no hemos recorrido la primera, que es obligatoria, y que quizás muchas veces no nos guste y nos cueste.

La milla milagrosa está motivada por el amor.

Es esta milla milagrosa la que separa a unas personas de otras. ¿Reconoces a esas personas que sin que les pidas nada, hacen no solo lo que tienen que hacer, sino que van más allá?

¿Y cómo te sientes cuando los ves a ellos obrando? ¿Te motivan? ¿Te llenas de admiración? ¿Qué ves en ellos? Y seguramente te presentan un reto a ti, para ser un poco más como ellos.

Solo podemos participar en esta segunda milla, si somos obedientes al caminar la primera milla. La segunda milla ilumina nuestro propio camino.

Reflexiona en esto. Imagínate a un joven de esa época trabajando en su negocio. Un soldado romano se acerca, lo llama y le exige que le lleve su mochila pesada en la carretera por una milla. Este mandato no solo le interrumpe al joven su día entero, sino que le quita los ingresos potenciales que puede recibir de su trabajo. Este joven no tiene otra opción más que obedecer.

Ahora, imaginemos que este joven es alguien que acostumbra a "caminar la segunda milla". Entonces, llegan al marcador de la milla que mencionamos en la carretera, y en lugar de entregarle la mochila al soldado y de regresarse de camino a su casa, el joven se ofrece a caminar una "milla extra" con el soldado. Imaginemos que, en el camino, le pregunta acerca de cómo es la vida en Roma. El soldado romano seguramente se quedará completamente sorprendido y confundido. Y este representa un momento muy valioso, un momento de oportunidad de influencia, para poder demostrar el amor de Cristo, con hechos, no con palabras.

Quizás esto es lo mismo que le pasó al soldado romano que a los pies de la cruz, declara: "Este hombre era verdaderamente el Hijo de Dios!" (Mateo 27:54b, NTV). Quizás este soldado también tuvo una experiencia así con un seguidor de Cristo que también caminó la milla extra con él.

Alguien que camine en esta milla milagrosa, aliviana la carga de los que están alrededor suyo. Uno no puede recorrer la segunda milla sin influenciar a otros.

Un solo miembro de la familia que camine la milla extra, cambia el ambiente de un hogar. También se requiere solo un miembro del equipo o del trabajo para hacer lo mismo.

¡Qué gozo es ver a alguien que recorra esa milla milagrosa, que no solo haga lo que corresponde, sino que vaya más allá!

Veamos el ejemplo del **buen samaritano**, él es de los que recorre la milla extra, y a quien Jesús usa de ejemplo en Lucas 10:30-37.

Vemos lo que él hace: Primero, se detiene, cuando nadie más se detiene en un camino extremadamente peligroso, que era el camino a Jericó. Segundo, cura las heridas. Pudo detenerse allí e irse, pero va más allá. Se lo lleva con él en su burro y no se detiene allí. Lo lleva a un alojamiento para que cuiden de él, y al día siguiente, le paga al dueño del alojamiento para que lo atiendan.

¿Ves cuántas millas extras caminó este buen samaritano? Esto es una motivación de amor por el prójimo. Y a lo mismo nos llama nuestro Dios, a realizar no simplemente a lo que debemos hacer, sino ir más allá, y asimismo predicar con nuestras buenas obras, lo que es ser cristiano y dejar fluir el amor de Cristo.

"Ahora ve y haz lo mismo".

POR SUS FRUTOS LOS CONOCERÉIS

Uno de mis personajes favoritos, San Francisco de Asís, que es uno de estos caminantes de la milla milagrosa, decía: "**Predica el evangelio en todo momento, y cuando sea necesario, utiliza las palabras**". En nuestro actuar es en donde se evidencia la vida del cristiano y es allí en donde podemos distinguir al que es verdaderamente cristiano, del que no lo es, o del que lo es solamente de palabra.

¡Por sus obras los reconocerán! Mateo 7:16 lo dice así: "Por sus frutos los conocerán…". Quien tiene el evangelio en su corazón, actuará conforme a lo que dice el Evangelio. No se trata de palabras bonitas y elocuentes que aparenten, sino de una congruencia entre nuestras palabras con nuestras acciones.Esta milla milagrosa, la segunda milla, está motivada por el amor de Cristo.

Coincidentemente (aunque sabemos que no existen las coincidencias), la segunda milla es la que nuestro Señor y Salvador caminó el mismo. Él conoce ese camino muy bien. Era el amor por nosotros, el que lo llevó a caminar esa milla milagrosa hacia la cruz.

Jesús ciertamente recorrió la primera milla. Dejó su condición divina y se hizo hombre. Él recorrió la primera milla obligatoria, motivado por la obediencia y el cumplimiento de las Escrituras. Obedeció cada detalle de la ley, pero también recorrió la segunda milla, motivado por su amor por nosotros.

El Dios que hizo las estrellas y que con su sola palabra formó el universo, el que nos creó con sus propias manos, nos dijo: "Te amo, y voy a caminar contigo…". Hemos sido nosotros los que decidimos irnos por nuestro propio camino.

Luego él nos dice nuevamente: "Voy a recorrer la segunda milla". Esto le costó la muerte en la cruz, en donde no solo llevó la mochila de un soldado romano, sino que cargó con nuestros propios pecados para que nosotros tuviéramos vida.

AHORA ES TU TURNO

Memoriza este versículo de la milla milagrosa y medita de qué maneras puedes recorrer esa milla y alivianar la carga de alguien más.

¿De qué manera puedes hacer más de lo que se te pide para recorrer esa segunda milla milagrosa hoy con alguien?

Pidámosle a nuestro Señor un corazón semejante al suyo para que, cuando los demás vean nuestras "buenas obras", es decir, cuando actuemos como Jesús, descubran a ese Dios que llevamos dentro y que lo motive a que ellos quieran conocer también.

PORQUE MIS PENSAMIENTOS

no son sus pensamientos

ni sus caminos

SON MIS CAMINOS

— Isaías 55:8-9

8

CUANDO LO QUE DIOS HACE
NO TIENE SENTIDO

La vida no siempre resulta como la esperamos y los cristianos oramos con fe a nuestro Dios para que nos ayude y nos guíe, aunque a veces parece que, Dios no hace lo que le pedimos.

Lo buscamos, pero honestamente, no sentimos su presencia. Pasamos por tribulaciones y dolor, pero pese a nuestras súplicas pidiendo alivio, nuestras peticiones aparentemente quedan sin contestar. Y lo único que escuchamos es el silencio de Dios y, francamente, esto nos desanima y no le vemos sentido.

A nuestra vida llega el dolor, la muerte, los accidentes, problemas económicos, pobreza, traición, el rechazo, el divorcio, etc. Y nos preguntamos, ¿por qué le sucede lo malo a personas que parecen ser buenas? Sobre todo, si te consideras una persona fiel a Dios y que estás obrando bien a su servicio, entonces cuesta entender por qué nos toca enfrentar situaciones tan difíciles.

Y como hemos mencionado muchas veces, nos encontramos en un mundo que está muy lejos de ese mundo perfecto que Dios creó para nosotros. Desde que entró el pecado, entró la muerte y el sufrimiento que experimentamos en este mundo. Pero reiteramos que este nunca fue el plan de Dios.

El punto es que como cristianos, sabemos que Dios está en control y depositamos nuestra fe y confianza en él. Pero cuando somos probados o pasamos por tribulaciones, si somos sinceros, nos preguntamos ¿por qué nuestro Dios permite que pasemos situaciones malas y dolorosas? Así que, si te has sentido así, o si hoy te sientes así, no estás sola. Cuando la vida se pone dura, como los que estamos pasando ahora por la pandemia, y con las devastadoras consecuencias económicas que nos ha traído, puede ser difícil contar en que Dios está trabajando en todo este proceso y en la resolución de la situación en la que nos encontramos.

En medio de circunstancias así, a veces nos olvidamos que Dios nos escucha y que él está pendiente de todas nuestras necesidades. Quizás nos cueste escuchar la voz de ese Dios, que nos ama y que se preocupa por nosotros, y nos alejemos de él o dejemos de confiar en su plan para nosotros.

Y aunque nos sintamos así, Dios sabe y entiende las esperanzas y miedos que hay dentro de nuestro corazón. De hecho, él nos escucha mejor que nadie. Cuando creemos que nadie nos presta atención, él está escuchándonos; aunque no gritemos ni lloremos en voz alta, él escucha aun nuestras oraciones silenciosas.

Dios quiere que confiemos en él, incluso en los momentos más oscuros. Así que si te sientes sola o perdida, él sabe exactamente en dónde estás, hacia dónde vas y tiene el plan perfecto para tu vida.

Para depositar nuestra confianza en Dios en medio de las situaciones de la vida que no le encontramos sentido, sigamos estos puntos importantes:

1) MANTÉN TU MIRADA EN CRISTO

Como en toda situación que enfrentemos en la vida, como tribulación, decepción, dolor, decidamos la manera en la que vamos a responder. ¿Y cómo lo haremos?

Lo más importante es que cuando no le veamos sentido a lo que nos sucede, que nuestra mirada esté fija en él. En algún momento la situación se transformará en caótica. **¡No**

sabremos el cómo y no sabremos el porqué! Pero la manera en la que manejemos la situación depende de que nosotras podemos escoger en:

- enfocarnos exactamente en el **porqué**, ¿por qué es que Dios ha permitido esta situación? Podemos quedarnos en ¿y cómo es que pudo haber sucedido esto?, y nos pasamos martirizándonos con esas preguntas a las que **NO obtendremos respuesta**.

- bien, podemos escoger depositar nuestra confianza en nuestro Dios para dar el siguiente paso, aunque no entendamos nada.

Aunque no nos parezca, y no le veamos pies ni cabeza a la situación, Dios está en control y siempre obrando. Él puede ver el panorama general y la historia final, lo que ninguno de nosotros podemos.

Además, Dios es Dios y opera de una manera soberana y diferente. Él no opera como lo hacemos nosotras.

Veamos el pasaje en Isaías 55:8-9, RV60, "Porque mis pensamientos no son vuestros pensamientos, ni vuestros caminos mis caminos, dijo Jehová. Como son más altos los cielos que la tierra, así son mis caminos más altos que vuestros caminos, y mis pensamientos más que vuestros pensamientos".

Y ese viene a ser el **versículo medular** de este tema.

2) BUSCA Y CREE EN LOS MILAGROS

Aunque lo que ahora ocurre no le veas sentido, nuestro Dios es un Dios de milagros y los milagros suceden diariamente. ¿Los estás viendo?

Quizás debas cambiar los lentes en que ves esos milagros, porque a veces estamos esperando algo sobrenatural, y sí, a veces sucede así; pero si esperamos solo esos milagros espectaculares y sobrenaturales, nos perderemos los milagros de menos impacto del día a día.

Estos milagros son los que aparecen con cada sueño que se hace realidad, con cualquier persona que ha tocado y transformado tu vida y con cada persona que amas, en esos precisos momentos, Dios hace que sucedan milagros. Así que está atenta a tu alrededor, y no te pierdas esos milagros.

Cuando buscas esos pequeños milagros, los vas a encontrar por todos lados. Busca una caja o frasco donde pongas pequeñas notas de las razones por las que estás agradecida o motivos de pequeños milagros diarios. En el libro # 3 "Fuerte y Saludable" hay un tema entero dedicado al agradecimiento que se llama: "Una mujer agradecida".

3) NUESTRAS TRIBULACIONES SE CONVIERTEN EN FORTALEZAS

Dios nos cargará a lo largo de la tormenta. La Biblia nos dice que, "Cuando cruces las aguas, yo estaré contigo; cuando cruces los ríos, no te cubrirán sus aguas; cuando camines por el fuego, no te quemarás ni te abrasarán las llamas" (Isaías 43:2).

Cualquier situación difícil que estés enfrentando, sea grande o pequeña, te preparará para salir más fuerte, pulido como el oro sobre el fuego. Dios no desperdicia nada y usa las tribulaciones para aumentar nuestra fe y fortaleza y para desarrollar nuestro carácter. Tu dolor tiene un propósito, aunque no lo entiendas en este momento.

4) TEN FE QUE DIOS TIENE UN PLAN PERFECTO PARA TI

Cuando a lo de Dios no le ves el sentido, recuerda que Él tiene un plan para tu vida, que no conoces ni entiendes. Este plan es perfecto y de acuerdo con su voluntad para tu vida.

Jeremías 29:11 nos dice:

> *"Porque yo sé muy bien los planes que tengo para ustedes —afirma el SEÑOR—, planes de bienestar y no de calamidad, a fin de darles un futuro y una esperanza".*

Dios tiene el plan perfecto para ti. A veces parece que sus planes son siempre diferentes a los tuyos, pero sus planes son siempre perfectos. Él no lo hace todo de una sola vez, sino paso a paso, porque en el andar él va siempre enseñándonos a caminar por fe y no por lo que vemos. Es importante que seamos pacientes y que confiemos en sus tiempos, pues los tiempos de Dios no son nuestros tiempos.

5) DIOS NUNCA TE DEJARÁ NI TE ABANDONARÁ

Dios está siempre presente en tu vida, aun en tus horas solitarias y difíciles. Simplemente por el hecho de que no te haga sentido, no significa que él te ha dejado. ¡Él está a tu lado ahora mismo! Es importante que permanezcas fiel y que no pierdas la esperanza.

La Biblia nos dice que "los que esperan a Jehová tendrán nuevas fuerzas; levantarán alas como las águilas; correrán, y no se cansarán; caminarán, y no se fatigarán" (Isaías 40:31, RV60). Tú puedes sentir que estás sola, pero Dios está allí contigo.

La Palabra nos habla de un Dios que ama a sus hijos tanto, que dio la vida por ellos, y que no nos dejará ni abandonará, y peleará por nosotros.

6) DIOS SIEMPRE TE ESCUCHA Y TE CONTESTA

Por fe sabemos que Dios siempre nos escucha, aunque nosotros no podamos verlo ni escucharlo. Nosotros llamamos y él está del otro lado de la línea, siempre escuchando. Cada vez que hablas, él te escucha, eso incluye tus necesidades y tus preocupaciones. Y eso es así aunque a veces dudes que él te está escuchando porque no te responde. Lo que necesitamos para escuchar a Dios, es bajar el volumen a las voces del mundo para oír la voz de Dios. Desconectar el teléfono, la televisión, las redes sociales, y buscar ese encuentro personal y privado con nuestro Dios.

Cuando la tribulación entre a tu vida, permite que Dios te hable y disipe tus miedos.

Cuando necesitas consejo, sabiduría, Dios sabe. Cuando preguntas, Dios te escucha… Cuando confías, Dios actúa… Recuerda que sus caminos son más altos que nuestros caminos y sus pensamientos más altos que los nuestros.

Elías estaba esperando la presencia del Señor, entonces: "El Señor le ordenó:

—Sal y preséntate ante mí en la montaña, porque estoy a punto de pasar por allí.

Como heraldo del Señor vino un viento recio, tan violento que partió las montañas e hizo añicos las rocas; pero el Señor no estaba en el viento. Después del viento hubo un terremoto, pero el Señor tampoco estaba en el terremoto. Tras el terremoto vino un fuego, pero el Señor tampoco estaba en el fuego. Y después del fuego vino un **suave murmullo**. Cuando Elías lo oyó, se cubrió el rostro con el manto y, saliendo, se puso a la entrada de la cueva..." (1 Reyes 19:11-13).

¿Ves cómo se aparece Dios? No en el viento fuerte, ni en el terremoto, ni en el fuego, sino que se aparece en el suave murmullo. Esta no es la manera en que Elías lo esperaba, y tampoco es la manera en que nosotras lo esperamos para que obre en nuestras vidas. Nuestro Dios es soberano y obra de **maneras misteriosas, milagrosas, poderosas e inimaginables**.

Él te escucha, ¿estás escuchándolo tú a él? ¿Estás atenta a escuchar a Dios que te está murmurando suavemente?

Existe un libro cuyo título es igual al tema de este programa, **"Cuando lo que Dios hace no tiene sentido"**, escrito por el psicólogo cristiano y consejero familiar, el doctor James Dobson. Es un libro que lo recomiendo mucho porque ofrece esperanza y aliento a aquellos que se enfrentan a pruebas y aflicciones inentendibles.

Personalmente doy testimonio de lo que significó para mí, pues me ayudó mucho en una de las etapas más dolorosas de mi vida. Tuve una complicación en mi primer embarazo y mi bebé nació prematura, de muy bajo peso y murió después de haber estado una semana en cuidados intensivos. Mi mundo se desmoronó y no entendía nada, ¿cómo algo así me podía suceder a mí?

Y en el momento más difícil de mi vida, ¿sabes cómo llegó ese libro a mis manos? Dios envió a dos amigas de diferentes círculos de amistades de mi mamá, ambas eran cristianas y me llevaron de regalo ese mismo libro. Yo entonces lo tomé como un obsequio de Dios, una respuesta milagrosa y un bálsamo del Señor en medio de mi tribulación. Y así me fue sanando, enseñando, contestando cada una de mis miles de preguntas y obrando en mi vida. Pero ese fue el susurro de Dios, a través de un simple libro, que me enseñó mucho y eso fue solamente el inicio de la enseñanza poderosa de él para mí.

Hoy, muchos años después de ese doloroso incidente y con el entendimiento que tanto anhelaba mi corazón, Dios puso en mi corazón este tema, para incluirlo aquí como enseñanza para que tú también lo puedas aplicar en tus momentos difíciles.

El plan de Dios para tu vida, en medio de cualquier dificultad, es más grande que el tuyo y Dios lo ha dispuesto en su perfecta voluntad de una manera diferente de la que nosotras podemos imaginar o planear. Confía en ese Dios que te ama y que nunca te abandonará y que quiere tu bien siempre.

La mies es mucha,
más los obreros pocos.
Rogad al Señor de la mies,
que envíe obreros a su mies.
–MATEO 9:37

9

LA MIES ES MUCHA
Y LOS OBREROS POCOS

Los que han visto a las ovejas cara a cara, saben que ellas no se caracterizan por su inteligencia, sino más bien por lo opuesto. Por lo tanto, sin un pastor que las guíe, las ovejas están perdidas, se mueven sin dirección, por aquí y por allá, son presa fácil de cualquier depredador pues no están atentas a los peligros que existen a su alrededor.

La Biblia nos compara a los seres humanos, una y otra vez con las ovejas, eso dice mucho de cómo somos los seres humanos. Nosotros, al igual que las ovejas, necesitamos la guía de nuestro Pastor, porque **él se preocupa de verdad por** sus ovejas, y sin él nos encontramos perdidas, deambulando descarriadas por este mundo y podemos ser presa fácil del enemigo que anda al acecho.

En Juan 10:11-15 Jesús nos dice: "Yo soy el buen pastor. El buen pastor da su vida por las ovejas. El asalariado no es el pastor, y a él no le pertenecen las ovejas. Cuando ve que el lobo se acerca, abandona las ovejas y huye; entonces el lobo ataca al rebaño y lo dispersa. Y ese hombre huye porque, siendo asalariado, no le importan las ovejas. Yo soy el buen pastor; conozco a mis ovejas, y ellas me conocen a mí, así como el Padre me conoce a mí y yo lo conozco a él, y doy mi vida por las ovejas".

Luego, Lucas 15:4-6 dice: "Supongamos que uno de ustedes tiene cien ovejas y pierde una de ellas. ¿No deja las noventa y nueve en el campo, y va en busca de la oveja perdida hasta encontrarla? Y, cuando la encuentra, lleno de alegría la carga en los hombros y vuelve a la casa. Al llegar, reúne a sus amigos y vecinos, y les dice: "Alégrense conmigo; ya encontré la oveja que se me había perdido".

Nuestro pastor nos guía, nos cuida y nos libra del peligro que como ovejas, somos proclives a no advertir. Y ese pastor, que es nuestro Señor Jesús, nos conoce, nos llama, nos cuida, nos busca si nos extraviamos, nos protege de ese lobo, nos rescata y nos ama tanto, que hasta da la vida por nosotras.

Por otro lado, nosotras, las ovejas, reconocemos su voz, lo conocemos y lo necesitamos. Diariamente necesitamos su dirección, guía y ese alimento que solo él nos da. Sin su guía y cuidado adecuado, las ovejas quedamos malnutridas y nos perdemos.

De aquí deriva la palabra "pastor" que es el líder o autoridad de la iglesia. Cada iglesia tiene su pastor y su sistema de gobierno, según su denominación. Y estos líderes religiosos han ocupado la labor de pastores. Estas figuras de autoridad o *pastores* son llamados por Dios para guiarnos en la palabra de Dios.

Sin embargo, este pasaje también habla del "asalariado", que no es el pastor y a quien no pertenecen las ovejas, y cuando el lobo se acerca, abandona a las ovejas y huye. Aquí Juan hace una advertencia de los falsos pastores y maestros.

La lección en esto es que los pastores o líderes no son infalibles, así como no lo eran los líderes religiosos en la época de Jesús, que se enfocaban en seguir tradiciones y reglas antes que enseñar la palabra de Dios. Por lo tanto, sus ovejas estaban malnutridas, a tal punto de que cuando tuvieron al propio Jesús enfrente, no lo reconocieron.

Por eso debemos mantener nuestra mirada puesta en nuestro líder y pastor máximo que es Jesús, porque sabemos que él no nos va a fallar nunca. Además, escudriñemos siempre todas las enseñanzas y comportamientos a la luz de la palabra de Dios.

LA ESTRATEGIA DE JESÚS

Mateo 9:36-38, RV60, dice: "Y al ver a las multitudes, tuvo compasión de ellas, porque estaban desamparadas y dispersas, como ovejas que no tienen pastor. Entonces dijo a sus discípulos: A la verdad la mies es mucha, más los obreros pocos. Rogad, pues, al Señor de la mies, que envíe obreros a su mies".

Mateo 10:1 y 10:5-8 nos dicen: "Reunió a sus doce discípulos y les dio autoridad para expulsar a los espíritus malignos y sanar toda enfermedad y toda dolencia".

"Jesús envió a estos doce con las siguientes instrucciones: «No vayan entre los gentiles ni entren en ningún pueblo de los samaritanos. Vayan más bien a las ovejas descarriadas del pueblo de Israel. Dondequiera que vayan, prediquen este mensaje: «El reino de los cielos está cerca». Sanen a los enfermos, resuciten a los muertos, limpien de su enfermedad a los que tienen lepra, expulsen a los demonios. Lo que ustedes recibieron gratis, denlo gratuitamente»".

Al ver Jesús a sus ovejas perdidas, siente compasión por ellas. ¿Por qué? ¡Porque están perdidas! Están deambulando, buscando "significado" de esto o de aquello. Están sin un pastor que las cuide, pues los pastores que supuestamente debían guiarlas no lo hicieron. Y sorprendentemente ante este escenario, Jesús dice que "la mies es mucha y los obreros pocos". En vez de ir a atender él mismo a sus ovejas, menciona que son muchas y que los trabajadores son pocos.

Entonces, el buen pastor, Jesús, sale a guiarlas, alimentarlas, y a remover los obstáculos del camino, pero usando una estrategia.

Él sabía exactamente cómo atender esa confusión de la gente, y la estrategia que utilizó Jesús aquí fue **usar a las mismas personas para ayudar a las personas**. Entonces, equipó y dio instrucciones a sus discípulos para hacer el trabajo que les encomienda. Les da autoridad para combatir las fuentes de confusión y desorientación de las personas.

Él sabía que habría una disparidad entre los trabajadores y el trabajo que les encomendaba, así que les dio a los trabajadores (y a nosotros) el poder para poder cumplir esas tareas. Y con esto, removió cualquier obstáculo o excusa que hiciera este trabajo de ministrar a esas almas descarriadas, una labor imposible, como:

- No tenemos suficiente dinero (llevaban únicamente lo indispensable).

- No somos lo suficientemente inteligentes o preparados (él ya los había equipado y ellos eran el equipo).

- Tenemos miedo (iban guiados por fe).

Así también, Dios nos llama y nos invita a todas a seguir esa visión para expandir su Reino, a ver más allá de nuestros ojos, para servir y amarnos unos a otros, para sanar y salvar almas, hacer discípulos y para luchar en contra de las injusticias, opresión y maldad del mundo.

Es mucho el trabajo, especialmente con la comunidad latina y con nuestra comunidad inmigrante y marginalizada; pero son pocos los obreros, como dice en su Palabra. Por lo tanto, oremos para que el Señor envíe más obreros a su mies.

Jesús nos dice que lo que hemos recibido, lo demos gratuitamente. Hemos recibido salvación y el conocimiento de la palabra de Dios, no para quedárnoslo, sino para compartirlo, enseñar y ministrar a otras.

De esta manera estaremos cumpliendo con la Gran Comisión de levantar más discípulos, como lo establece Mateo 28:18-20, donde Jesús les dice a sus discípulos: "... Se me ha dado toda autoridad en el cielo y en la tierra. Por tanto, vayan y hagan discípulos de todas las naciones, bautizándolos en el nombre del Padre, del Hijo y del Espíritu Santo, enseñándoles a obedecer todo lo que les he mandado a ustedes. Y les aseguro que estaré con ustedes siempre, hasta el fin del mundo".

La invitación es para ti, hoy. Necesitamos esas obreras, esas mujeres líderes, que salgan y hagan ese trabajo.

Empieza por buscar lo que Dios enciende en tu corazón y escribe tu visión para alcanzar ese propósito para el que Dios te ha llamado, como nos llama a cada una.

Tú puedes decir "sí" o decir "no" a ese llamado.

¿QUÉ TE LLEVAS HOY?

Entre más conozcamos la palabra de Dios, más conoceremos a ese buen Pastor, por eso debemos leer, aprender y aplicar su Palabra en cada área de nuestras vidas para que no seamos engañados por falsos maestros o atacados por lobos.

Nosotras, como ovejas que somos, necesitamos de nuestro buen pastor. Así también existen muchas ovejas que no tienen un pastor que las cuide, y nosotras estamos llamadas, igual que Jesús llamó a los discípulos, a ministrar a esas ovejas perdidas y a levantar discípulos de Dios.Nuestra visión en el Instituto María y Marta es brindarte enseñanza, para que puedas aprender, crecer y darte cuenta de que fuiste creada con un propósito y que debes encontrarlo, poniendo en buen uso los dones y talentos que Dios te ha dado.

Como hemos dicho varias veces, los dones serán diferentes en cada una de nosotras, pero todas los hemos recibido. Y al recibir, estamos obligadas a dar también, a darles a muchas mujeres que están como ovejas perdidas, sin su pastor.

El trabajo del Reino es mucho y los trabajadores son pocos. Dios podría prescindir de nosotras para cumplir sus propósitos, pero él escoge utilizarnos, y él quiere utilizarte a ti hoy para expandir su Reino.

¿CÓMO RESPONDERÁS A ESE LLAMADO?

Aquí en el Instituto María y Marta, oramos al Señor de la mies, para levantar a más mujeres con la enseñanza de la Palabra y su aplicación; por crear más discípulas, y más obreras para la mies y para que a su vez, ellas levanten a más discípulas y más obreras, y la labor continúe hasta que nuestro Señor regrese o nos llame a su presencia.

Pon en manos
del Señor
todas tus obras,
y tus proyectos
SE CUMPLIRÁN
— Proverbios 16:3

10

UNA MUJER CON
VISIÓN Y MISIÓN

¿Sabías que vemos no solo con los ojos sino con el espíritu y también con los lentes en los que ves la vida? Todo esto afecta la manera en que se interpreta lo que ves. ¿Sabías que más allá de lo visible, está lo que es invisible a nuestros ojos y a los ojos de los demás, pero que en el interior de nuestro ser, lo podemos ver? ¿Cómo podemos trasladar eso que no vemos en algo palpable y real para que nosotras y los demás lo veamos? ¿Cómo invitar a otros a ver y palpar la visión, rumbo y dirección por el que Dios nos llama?

Veamos por ejemplo a nuestro Instituto María y Marta, que fue creado con la misión de plantar semillas en las mujeres, para que a través de la educación teológica práctica que ofrecemos, puedan levantarse, descubrir sus dones y talentos y encontrar ese propósito para el cual han sido llamadas.

Para cumplir esta misión, necesitamos la visión, y no me refiero en el sentido sobrenatural necesariamente, pero para que me entiendas empecemos definiéndolo.

¿QUÉ ES LA VISIÓN?

Visión es lo que vemos, pero también **es la manera en que vemos**. Visión es la lente que interpreta los acontecimientos de nuestra vida, la forma en que vemos a las personas y nuestro concepto de Dios.

Jesús dijo que nuestros ojos son las ventanas de nuestros corazones. Pablo oró para que nuestros ojos pudieran ser iluminados. En otras palabras, percibimos con los ojos, pero vemos con nuestros corazones. Nuestras mentes reciben imágenes de nuestros ojos, pero nuestro corazón interpreta esas imágenes.

La Biblia dice en Proverbios 29:18a: "Donde no hay visión, el pueblo se extravía".

La primera parte para lograr cualquier **visión**, es trasladarla del mundo invisible al **mundo palpable**.

Esto puede lograrse simplemente con **escribir** la visión o hacer un **CUADRO DE VISIÓN** (del que hablaremos al final de este tema, y consiste en un cuadro que se crea con recortes, frases y versículos para plasmar tu visión).

Al poner la visión en papel se traslada el sueño que está en tu espíritu (que solo tú puedes ver), que es invisible y se hace visible al mundo para que otros puedan capturarlo también en sus corazones. Las herramientas que ayudan a visualizar la misión pueden ser dibujos, recortes de revistas, frases o testimonios de otros que han alcanzado sueños similares, o visitas a lugares con un propósito común. Todo esto ayuda a capturar y definir la visión para ti y para los demás que van a ayudarte a hacerla realidad.

Consideremos un ejemplo que nos va a ayudar a ilustrar la manera en que se ve cuando las personas reciben motivación y se apropian de una visión.

Tres trabajadores estaban construyendo una misma pared.

Alguien se acercó al primero y le preguntó: "¿qué estás haciendo?" "¿Qué es lo que parece que estoy haciendo?" contestó sarcásticamente. "Estoy poniendo los ladrillos".

El hombre le preguntó al segundo hombre lo mismo y éste le respondió: "¿Acaso no te das cuenta lo que estoy haciendo? Estoy construyendo una pared".

Y luego fue con el tercer hombre y le pregunta qué está haciendo y este exclamó: "¡Estoy construyendo una gran catedral para Dios!".

¿Quién crees que va a realizar la mejor calidad de trabajo y quién va a trabajar más duro? La visión causa que las personas amen su trabajo porque pueden ver el **panorama general**.

LA VISIÓN DE DIOS

La Biblia nos dice en Proverbios 15:22: "Cuando falta el consejo, fracasan los planes, cuando abunda el consejo, prosperan".

Impartir la visión de Dios al equipo del cual formamos parte, es el factor más importante para alcanzar la visión.

El siguiente paso es crear un plan.

Aunque la visión viene de Dios mismo, debemos buscar la consejería y experiencia de otras personas con diferentes dones y perspectivas que los nuestros, para cumplir esa visión.

Es importante para los administradores entender que ellos están allí solo para administrar la misión. La palabra "administrar" significa: añadir a la visión, no cambiar la visión.

A los visionarios, generalmente no les gusta trabajar con los administradores porque ellos por naturaleza refinan y terminan. Algunas veces, no entienden que ellos están para ayudar a los visionarios a determinar el *cómo* lograr el objetivo, y no a cuestionar la factibilidad de la visión.

UN PLAN DE ACUERDO CON LA VOLUNTAD DE DIOS

Proverbios 16:1-3 nos dice: "El hombre propone y Dios dispone. A cada uno le parece correcto su proceder, pero el Señor juzga los motivos. Pon en manos del Señor todas tus obras, y tus proyectos se cumplirán".

En nosotros está la tarea de pensar, visionar, planear y hacer, pero ante todos estas buenas intenciones y planes, debemos orar a Dios para que nos corrija, cambie o valide y él prospere nuestros planes de acuerdo a su propósito.

De tu lado está ponerte en acción, ser diligente y determinada para lograr tus sueños y objetivos. Lo que haces debe encajar con la visión de Dios, entonces tendrás su respaldo y serás prosperada.

Esto solamente se puede hacer a través de la obediencia, poniendo atención para escuchar y seguir la dirección de Dios en los pasos a dar, en las metas a trazar. Esto significa incluso estar dispuesta a hacer los cambios necesarios para alinearte con la visión de Dios.

Al estar unida a Dios podrás estar segura de estar actuando según su voluntad y por lo tanto tendrás todos los recursos físicos y espirituales necesarios para el éxito.

Jeremías 29:11, RV60, nos dice: "Porque yo sé los pensamientos que tengo acerca de vosotros dice Jehová, pensamientos de paz, y no de mal, para daros el fin que esperáis".

Dios es el más interesado en que tú cumplas tus sueños y visión de vida. Así que él te proveerá lo que necesites.

EL MIEDO CONTRARRESTA A LA FE

El miedo nos impide alcanzar nuestra visión. El miedo nos puede paralizar, y entonces detener la visión o incluso alterarla por falta de fe.

En ocasiones, las personas disfrazan su miedo de "sabiduría", cuando entran en una misión sobrenatural que solo puede lograrse de la mano de Dios y deciden "ayudarle" a Dios, cuando ya él ha obrado y ya ha abierto caminos.

El caso de Moisés

Moisés se encontró con este problema cuando envió a los doce espías a la tierra prometida para determinar si podían entrar. De los doce espías que envió, diez regresaron aterrorizados pues habían **malentendido la visión** y pensaron que se les había preguntado si debían tomar posesión de la tierra o no, cuando Dios ya se las había entregado. Solo debían reclamarla como suya, pero tuvieron mucho miedo por los gigantes que vieron, y entonces, no le creyeron a Dios, sino a sus ojos. En Números 13:32b-33, RV2015, está el reporte:

"—La tierra que fuimos a explorar es tierra que traga a sus habitantes. Todo el pueblo que vimos en ella son hombres de gran estatura. También vimos allí gigantes, hijos de Anac, raza de gigantes. Nosotros, a nuestros propios ojos, parecíamos langostas; y así parecíamos a sus ojos".

Y Moisés obró mal en tomar la sugerencia de los espías en vez de creerle a Dios, cuando Dios ya les había dado la tierra y él estaba con ellos para vencer cualquier obstáculo. Por esa razón Dios los castigó y no les permitió entrar en la tierra prometida.

En cambio, los que sí le creyeron a Dios y su visión, que fueron Caleb y Josué, fueron los únicos de todo el pueblo que salió de Egipto a los que Dios les permitió la entrada a la tierra prometida.

Como vemos, este tipo de malentendido de los roles de las personas que están invitadas a participar en la visión causan frustración de planes y de milagros, y paralizan a la iglesia.

Por años, el pueblo de Dios se ha conformado con alcanzar lo que podemos lograr con esfuerzo y habilidad humana porque hemos permitido que la opinión de los que carecen de fe determine lo que podemos alcanzar, en vez de ir llenos de fe hacia una visión como la que "vemos desde la montaña".

Esta ha sido la perversión del evangelio del Reino. **Nosotros no debemos conformarnos con menos, ni aceptar nada menos de lo que Dios nos dice que hagamos.** Por ello, debemos estar atentos a la voz de Dios en todo nuestro actuar, pues él dirige nuestros pasos. Si él está en la visión, nada ni nadie se interpondrá en el camino.

El caso de Noé

A Noé construir el arca le tomó cien años. Además, en todo el mundo nunca había llovido, por lo tanto mucho menos existido un diluvio, por lo que nadie le creyó y, es más, todos se burlaron de él.

Pese a esto, Noé, fue fiel a la visión de Dios y construyó el arca con todos los materiales, medidas y especificaciones exactas que Dios le había dado, así como también obedeció las instrucciones de meter a todos los animales dentro del arca. Noé, por fe y en obediencia, siguió al pie de la letra la visión que Dios le había encomendado. Él le creyó a Dios y no dudo. Él hubiese podido dejarse desmotivar por las burlas de la gente y darse por vencido, o bien, alterar el plan de Dios cambiado medidas y especificaciones del arca para ahorrarse trabajo, y entonces el resultado hubiese sido completamente otro.

ESTABLECIENDO METAS

En Proverbios 16:9, dice: "El corazón del hombre traza su rumbo, pero sus pasos los dirige el SEÑOR".

Después de establecer la visión o sueño que queremos alcanzar y nuestro plan de acción, entonces debemos fijar o definir las metas.

Cuando desglosamos la visión en partes pequeñas que pueden ser medidas en el tiempo y en el espacio, aparecen las metas. En otras palabras, son partes específicas de la visión que alcanzaremos en una fecha determinada. A muchas personas no les gusta ponerse metas porque piensan que si no las alcanzan a tiempo, que fracasarán, pero los grandes líderes saben que fijarse metas le da a la visión el sentido de urgencia.

Para cumplir la visión, hay que dar pasos Esos pasos son las metas y las hay de tres tipos:

- a corto plazo

- a mediano plazo

- a largo plazo

Las metas son importantes, ellas nos llevan al lugar donde queremos llegar. Es importante escribirlas y constantemente revisarlas, como veremos en el ejercicio del cuadro de visión.

Esto se hace para combatir la pereza o la falta de diligencia, pues la falta de trazarnos metas tiende a ser la razón número uno para no ejecutar la visión. Mira lo que dice la Palabra en Proverbios 13:4, RV60: "El alma del perezoso desea y nada alcanza; mas el alma de los diligentes será prosperada".

Por lo tanto, tu primera meta debe ser escribir tu visión y metas o sueños. Para esto, te podrá ayudar hacer el cuadro de la visión.

Sí, debes escribirlas, consigue un cuaderno especial para esto, toma un tiempo especial para hacerlo y antes de iniciar a escribir pídele a Dios que te ayude a tener claridad en tu mente y rectitud en tu corazón.

Escribe:

- Tus sueños.

- Tus objetivos o metas a corto, mediano y largo plazo.

Escribir tus metas es una de las tareas más importantes de motivación para ganar en la vida. Dios quiere tu éxito y por ello debes escribir sus metas.

HOY ES EL MEJOR DÍA PARA EMPEZAR A FIJAR METAS EN TU VIDA

Cuando tu visión es concebida por Dios mismo, él estará encantado de dirigir tus pasos. Lo más importante acerca de tus pasos es que los debes encontrar en alguna parte de tu visión. Ve a tu plan de acción y revisa tus pasos. ¿Son congruentes con tu visión? Si no, redefine tu visión o redirige tus pasos.

¿QUÉ TE LLEVAS HOY?

Todo este tiempo hemos plantado semillas con nuestros programas y libros, trayéndote buen contenido y enseñanzas bíblicas con aplicaciones prácticas. Todo ha sido con el objetivo de **levantar a la mujer latina** y reafirmar que **tú puedes**, que Dios te ha bendecido, te ha dotado de dones y talentos, y que tu vida tiene un propósito. Que debes salir a buscarlo primero dentro de ti y estar alerta a las oportunidades y llamados que Dios te haga para que lo pongas en práctica.

Hemos mencionado que no eres una planta chiquita, que fuiste creada para más y que Dios no te ha puesto límites, entonces no te los pongas tú misma, ni permitas que otros te lo pongan. Mucho cuidado con los engaños del mundo y manipulaciones de la Palabra que hablan en contra de ti y en contra de todas esas bendiciones que Dios preparó para tu vida.

Hemos plantado semillas de la manera en la que Dios nos llamó a hacerlo, cumpliendo una visión y una misión y se ha cumplido. Quizás nosotras no veamos la cosecha de estas semillas regadas, pero esa fue la misión encomendada y hemos cumplido. Oramos por ti, que terminas hoy este libro, para que estas semillas **produzcan raíces profundas y abundantes frutos en tu vida** con ese propósito para el cual Dios te llama.

¡LEVÁNTATE MUJER, QUE TÚ PUEDES!

ESCRIBIENDO NUESTRA VISIÓN (CREANDO UN TABLERO DE VISIÓN)

Entonces el SEÑOR me respondió, y dijo: Escribe la visión y grábala en tablas, para que corra el que la lea

(Habacuc 2:2, LBLA).

La visión es importante para determinar la manera en la que queremos vivir, los valores que queremos practicar, y nuestros sueños o metas que queremos alcanzar. La palabra de Dios nos dice que debemos claramente escribir la visión y grabarla para poder hacerla una realidad.

Para eso resulta muy apropiado un tablero de visión. El mismo consta de una colección de imágenes y palabras que representan tus sueños, metas y valores que quieres practicar.

PREPARACIÓN PREVIA A ELABORAR EL TABLERO DE VISIÓN

1. Contempla y medita sobre estas preguntas:

a. ¿Cuáles son los valores que quiero practicar más? (por ejemplo: la hospitalidad, la generosidad, la educación, etc.)

b. ¿Qué metas quiero cumplir en los próximos 6 a 12 meses?

c. ¿Qué sueños quiero alcanzar en los próximos 6 a 12 meses?

2. Dedica tiempo para orar y pedirle sabiduría a Dios sobre la respuesta a estas preguntas.

3. Busca versículos que demuestran el corazón de tus sueños, valores, o metas que vas a poner en tu tablero de visión.

CREANDO TU TABLERO DE VISIÓN

Este es un ejercicio que puedes hacer tu sola o bien en un grupo, para motivarse unas a otras.

- Para crear un tablero de visión, necesitas un cartoncillo, revistas de diferentes temas, goma y tijeras. Prepárate para recortar frases, imágenes, colores y todo aquello que refleje tu visión personal, y que pondrás en el cartoncillo. No hay reglas aquí, simplemente tu creatividad.

- El tablero sirve como un recordatorio visual de las metas, valores, y sueños que quieres practicar y cumplir. La idea es ponerlo en un lugar donde lo puedas ver todos los días y sirva como un memorándum de lo que quieres practicar y cumplir.

- Ver tu tablero diariamente te ayudará a mantenerte enfocada y motivada para poder cumplir lo que has visualizado.

- Revisión del tablero: conforme vas alcanzando tus sueños y metas, el tablero también tendrá que actualizarse periódicamente.

Para obtener las metas que nos fijemos en nuestro cuadro de visión, lo primero que debemos afirmar es que Dios es nuestra fuerza y que si hacemos su voluntad contamos con todo lo necesario para lograrlo. Nuestra participación es determinante para lograr nuestros sueños, por lo cual al verlo por escrito, no solo nuestra visión o sueños sino también establecer las metas, nos ayudarán a alcanzar nuestros sueños y el plan para lograrlos. ¡Levántate mujer, que tú puedes soñar y hacer tu sueño realidad!